Le Parchemin Magnifique

Volume 2

Bassin, système génital, système excrétoire, viscères

Couverture : © Adeline Ménétrier

Du même auteur

Symboles et philosophie

L'homme réunifié, Édition de Janus.
La force du symbolique, Édition Dervy.

Symboles et astrologie

La symphonie du zodiaque, Édition de Janus.
Le Chœur des Planètes, Édition de Janus.
Les sept jours de la création d'Israël, Édition de Janus.
La Lune noire, un vertige d'absolu, Édition de Janus.
Les douze maisons astrologiques, Édition de Janus.
Planètes rétrogrades, terres intérieures, Édition de Janus.
Vers un modèle astrologique de l'histoire, Édition de Janus.
Jung, une lecture astrologique, Éditions Dervy

Symboles et mythes

Prométhée, le mythe de l'homme, Édition de Janus.
L'éveil de Narcisse, Édition de Janus.
Icare, la passion du soleil, Édition de Janus.
La voie du héros, les 12 Travaux d'Hercule, Édition de Janus.
De quel jour êtes-vous ? Éditions Réenchanter le monde.

Symboles et langage

Petit dictionnaire en langue des Oiseaux, Édition de Janus.

Symboles et corps (en cours de parution)

Le Parchemin Magnifique, Volume 1 : *Pieds, chevilles, tibia, genoux, cuisses et hanches,* éditions Réenchanter le Monde.
Le Parchemin Magnifique, Volume 2 : *L'abdomen : bassin, système génital, système excrétoire, viscères.* Éditions Réenchanter le monde.
Le Parchemin Magnifique, Volume 3 : *Diaphragme, thorax, côtes, poumons, cœur,* éditions Réenchanter le Monde.
Le Parchemin Magnifique, Volume 4 : *Épaules, bras, mains, cou, cervicales*, éditions Réenchanter le Monde.
Le Parchemin Magnifique, Volume 5 : *les cinq sens.* Éditions Réenchanter le Monde.
Le Parchemin Magnifique, Volume 6 : *la boîte crânienne, le cerveau.* Éditions Réenchanter le Monde.

Pour lire un résumé de ces ouvrages, le blog de l'auteur :
http://reenchanterlemonde.com

Le Parchemin Magnifique

Symbolisme du corps humain

Volume 2

Bassin, système génital, système excrétoire, viscères

Luc Bigé

Première partie

Le petit bassin

L'entrée dans le monde des « dieux »

Des pieds jusqu'aux hanches, l'homme se mit debout en devenant conscient de sa double nature : animale et divine[1]. À la hauteur du petit bassin, cette dualité, symbolisée par ses deux membres inférieurs, s'efface pour se réunir à la jonction des hanches. L'entrée dans le ventre signe exactement le début de la vie intérieure. La géographie corporelle présente le petit bassin et le système génital comme une porte d'entrée. Puis les « viscères » annoncent leur fonction par leur nom : « servir la vie ». L'époque des membres inférieurs pensait « moi et le monde » et se frayait un chemin entre réussite personnelle et reconnaissance sociale. Arrivé dans son ventre, le sujet intériorise la dualité (les deux reins, les deux ovaires). Il découvre que les difficultés et les joies de son existence naissent de ses attentes bien plus que d'une quelconque objectivité des événements. La coordination des contraires se réalisera symboliquement dans le cœur avec ses deux ventricules associés. Et elle deviendra, beaucoup plus tard, une évidence unitaire dans le cou et la tête.

D'une certaine manière, le parcours corporel qui va des pieds vers la tête est une croissance de deux expériences contraires : la liberté et le sens de l'unité. La séparation d'avec la mère, puis de la matrice socioculturelle, commence dans la plante des

---

[1] Le Parchemin Magnifique, volume 1.

pieds. La cheville imprime une direction à l'existence et demande au marcheur de choisir la voie de son destin en se libérant des attaches du passé ; les genoux initient le grand combat entre la puissance personnelle et l'humilité profonde. La première victoire résida dans l'acceptation de l'intimité amoureuse, bien loin de l'immersion fusionnelle dans le monde des mystères (les pieds) et de la mise en œuvre des grands projets sociaux et professionnels (les chevilles). La rencontre avec Psyché imposa, à l'homme et à la femme, un certain nombre d'épreuves conclues par un retournement profond de leurs valeurs (la rotule). Alors, la personne commence la longue remontée de la cuisse. Comme Ulysse, dont le nom désigne cette partie du corps, elle élargit ses horizons grâce à de grandes quêtes, ou à d'immenses conquêtes. Elle questionne surtout sa foi et son lien avec l'Ineffable dans les hanches, ce grand passage qui garde l'ouverture sur la vie intérieure du bassin. À partir de ce moment-là, la géographie corporelle désigne un monde d'eau, de rêves, de psychisme, de sentiments et d'imaginaire. La puissance d'action des membres inférieurs disparaît pour s'engouffrer dans un Autre Monde, celui du psychisme dont la première apparition date de l'époque des genoux. Les mythes qui mettent en scène le ventre évoquent la descente dans *les entrailles* de la Terre, l'initiation au fond de la caverne (l'utérus) et la confrontation avec le « gardien du seuil » sous la forme d'un serpent ou d'un dragon.

Le ventre est donc un lieu de délivrance. C'est évidemment une banalité ! Il dessine symboliquement l'espace de la seconde naissance pour celui qui a commencé à revenir vers son essence. Ce qui est facile sur le plan biologique est plus délicat sur le plan psychique. C'est pourquoi les mythes et les contes mettent en scène deux nouveaux personnages : les héros et les monstres. La qualité première de la figure héroïque est le courage. Le courage de quitter les siens suite à l'appel du Roi ou de la conscience, de rencontrer et combattre des « méchants », de ramener les trésors convoités et nécessaires puis de mourir, prélude à la métamorphose. Ce programme héroïque d'exploration de l'Autre Monde, d'un nouvel espace psychique régi par des lois distinctes de celles de l'univers de la réalisation extérieure, se place dans le ventre biologique. Les viscères servent la vie comme le héros sert son dieu ou son roi. Si le courage est sa première qualité, les expressions populaires lui associent précisément le lieu du ventre. Ne faut-il pas « avoir du cœur au ventre », c'est-à-dire une vaillance bien chevillée aux tripes, pour réussir le parcours héroïque ? Et puis, la plus grande faute du personnage n'est-elle pas celle qui s'oppose à cette qualité, la lâcheté ? On n'imagine guère en effet un héros « se mettre à plat ventre devant quelqu'un » ou « courir ventre à terre face au danger », et encore moins ressembler à ceux qui « n'ont rien dans le ventre » ! Nous reviendrons ultérieurement sur cette figure emblématique en explorant le symbolisme du cœur. Le héros est celui qui sait poser sa conscience dans l'espace de son cœur pour agir dans le monde des viscères et des membres inférieurs, pour servir la vie et engendrer des résultats concrets.

Les mythes de passages d'un plan de conscience vers un autre sont faciles à reconnaître. Ils mettent en scène une embarcation voguant vers un Autre Royaume. C'est ainsi que le Roi Pêcheur du conte de la Table ronde, assis dans sa barque, garde le château enchanté du Graal, situé à proximité d'Avalon. Or « Avalon » se traduit par l'« Autre Monde » et désigne, dans la tradition celte, l'entrée de la région où vivent ensemble les esprits, les fées, les morts et les dieux. De son côté, Noé, sur ordre de Dieu, construisit une arche pour échapper au déluge et créer une nouvelle humanité sur une terre vierge ; Deucalion, le fils de Prométhée, vécut exactement la même aventure en Grèce ; Charon, le nautonier du monde souterrain, accueille les âmes des morts dans sa barque délabrée pour les conduire vers les entrailles de la Terre ; quant à Héraclès, il emprunta la barque du Soleil pour se rendre sur l'île des bienheureux, là où paissent les bœufs pourpres de Géryon. La présence d'une barque dans un mythe indique toujours un mouvement vers un autre monde, *elle annonce une renaissance, car un nouveau monde a besoin de nouveau-nés.* Pour franchir la passe menant vers cet Autre Monde, les personnages mythologiques montent dans une barque et traversent les eaux. La blanche nef des chevaliers de la Table Ronde, l'arche de Noé, le bateau de Deucalion, la barque du Roi Pêcheur, le lotus d'or sur lequel navigua Hercule pour se rendre sur l'île de Géryon et même l'embarcation délabrée de Charon, le passeur du royaume des morts : tous quittent leur univers pour explorer une nouvelle réalité. Franchir un large fleuve à l'époque où les ponts gigantesques n'existaient pas, traverser un océan alors que les avions et les grands paquebots n'étaient pas encore rêvés, représentait un aller sans retour. Seuls les héros avaient ce courage exemplaire. Le corps met en scène trois naissances et une mort. La naissance physique dans l'arche des pieds, la naissance du sujet dans les eaux du bassin, la naissance du héros intérieur dans le cœur, lorsque la porte du diaphragme est franchie ; et enfin la mort finale par le passage étroit du cou pour atteindre le monde des étoiles symbolisé par la voûte crânienne, un analogon de la voûte céleste.

Les mythes de passages relatifs à la deuxième naissance, au creux des eaux matricielles, ouvrent la conscience du sujet à la perception des mondes subtils, une sensibilité caractéristique de l'élément Eau. C'est le cas du Roi Pêcheur dans la tradition du Graal, de Noé chez les Hébreux et de Deucalion chez les Grecs. Tous ont pour mission de redonner au monde *une fertilité* perdue.

Le corps métaphorise cet aller simple par le bassin et le canal de la naissance. Dans le processus d'involution, le fœtus quitte les eaux amniotiques pour entrer dans un univers de lumières, de bruits, d'odeurs et de faim. Il passe de la vie intérieure vers l'existence extérieure. Il se libère du ventre en descendant, pour explorer le monde de l'action et de la réalisation, symbolisé par les membres inférieurs. Un jour, lorsque la conscience-énergie de l'homme debout remontera de ses pieds vers sa tête, il reconquerra cette partie de son corps en reproduisant le processus de sa naissance, mais à l'envers : il passera de l'existence extérieure vers la vie intérieure, de la réalité objective vers le monde sensible. Les héros voyagent librement dans ces deux univers, ils réenchantent leurs peuples en témoignant du merveilleux de la vie ordinaire grâce à la fragrance du mystère qu'ils focalisent dans leurs personnes (ventre), puis dans leurs destinées (cœur).

Entrer dans l'abdomen, c'est pénétrer dans le monde des « dieux ». Dieux d'ombres et de lumières, capables de vengeances comme d'actes hautement magnanimes. Car les ondines et les sylphides, les anges et les dieux ne sont pas les seuls habitants du monde aquatique. Ils se partagent cet espace imaginal avec les démons, les monstres et les dragons. Cet étage corporel pose, dans la descente, la question de la différenciation entre le bien et le mal ; la remontée demande une intégration de ces deux natures sans en projeter aucune sur le monde extérieur. Arrivée à cette étape, la psychanalyse jungienne, avec son processus d'intégration de l'ombre, sera d'un grand secours.

Cet espace, voilé par la peau, cache une atmosphère où se marient l'Eau et le Feu symboliques, les deux éléments baptismaux. Bien des facteurs biologiques les évoquent à leur manière. À commencer par l'urine, ce soleil liquide libéré par l'ouverture des sphincters. Il y a encore le feu fluide de l'estomac (l'acide chlorhydrique), qui réduit le bol alimentaire à une pâte molle, puis le feu digestif des intestins, la puissance de régénération des cellules hépatiques, la force vitale des cellules germinales, le désir du système génital et enfin le chaudron pelvien. Bref, cette seconde naissance a besoin d'une bonne eau tiède pour voir le jour.

Un ouvrage entier serait nécessaire pour explorer le symbolisme de l'Eau et du Feu, et encore, sans jamais y parvenir totalement ! Nous ne pouvons qu'en dégager ici les grandes lignes[2]. Avec l'Eau apparaissent deux nouveaux sens : la sensibilité à l'environnement et les sentiments. Sous la

---

[2] L'exploration du sens symbolique des quatre éléments fut merveilleusement conduite par des auteurs comme Gaston Bachelard, Stephen Arroyo et Novalis.

moindre pression, le liquide se déforme sans résistance : l'Eau est sensible. Par ailleurs, elle soutient et amortit les chocs, comme le démontre un objet plongé dans l'eau, qui flotte ou plonge doucement. L'Eau est sentimentale, elle soutient la partie du monde extérieur qui la touche. Cette réceptivité aux images et aux états d'âme participe activement à la construction du psychisme. Le « sujet » est celui qui a su s'émanciper de deux forces contraires : l'extase mystique fusionnelle proposée par les pieds et l'objectivité distanciatrice conquise par les chevilles. La « personne » existe entre ces deux postures antagonistes, elle gagne en souplesse et en degrés de liberté. Mais l'Eau agit aussi comme un miroir indécis. Elle reflète et déforme les informations transmises par la lumière objective et par l'intuition subjective. Toute en nuances, elle rend visible le monde du mystère que trop de clarté assécherait. De l'autre côté du monde, le liquide témoigne de la non-séparabilité de l'expérience mystique. Psychologiquement, elle est collante ; spirituellement, elle est compatissante. Deux gouttes posées côte à côte ne tardent pas en effet à se rassembler : l'Eau adore se lier avec ses semblables. Enfin, les formes qu'elle crée dans la nature — sinuosités, veines, torsions, tourbillons, cavités — sont toujours plus ou moins rondes. Tous ces termes qui qualifient l'Eau, comme « équilibre », « inclusion », « fusion », « solidarité », « affinité », « attirance », « répulsion », « liaison », « dissolution », « protection », « sensibilité » et « imaginaire », appartiennent au vocabulaire sentimental et au monde féminin.

Elle est encore mémoire, puisqu'elle garde le souvenir des terrains traversés depuis sa source. Purificatrice, puisqu'elle efface les taches, dont celle du péché. C'est enfin une promesse de la vie, car elle rend les terres fécondes… et de mort par noyade.

L'eau du bassin est tiède, c'est une figure de l'amour sentimental qui donne et reçoit dans l'espoir d'une intimité partagée.

Dans l'involution, l'énergie-conscience pénètre dans l'eau du bassin. Elle s'immerge dans l'imaginaire, le rêve, la douceur, la femme convoitée, la mère idéalisée, la mémoire, l'attachement romantique et la jouissance de soi. Dans l'évolution, l'énergie-conscience contacte le monde imaginal peuplé d'anges, de sylphides, d'entités, de grands rêves et de contes. La mémoire est alors comprise comme une maïeutique, la sensibilité comme une ouverture de la conscience aux Présences qui peuplent les univers subtils, l'imagination comme une force créatrice animée par des intentions efficaces, l'attachement au féminin se mue en une communion avec la Nature et, plus tard, en une perception directe de la présence protectrice de Marie, ou d'une autre des figures de la Grande Déesse.

Précisons, une fois encore, que les concepts d'« involution » et d'« évolution » aident à comprendre le symbolisme du corps, *mais ne représentent pas des échelles de valeurs et encore moins une suite chronologique.* Dans la pratique, les deux lectures sont mélangées : l'amour sentimental est aussi une voie spirituelle, puisque la relation intime focalise dans la vie du couple un rayon de l'amour universel. Par les épreuves de la relation affective, l'homme et la femme ouvrent un espace psychique où se déploient les élans de la compassion. Quoi qu'il en soit, dans le bassin, la « Voie de l'Amoureux » succède à « la Voie du Chevalier » qu'affectionnaient les membres inférieurs. Le Troubadour remplace le Conquérant. La musique est préférée à la marche.

L'Eau génère des élans contraires au fur et à mesure des variations de sa température, comme la peur et le courage. Si le froid glace d'effroi, rien ne semble pouvoir arrêter l'ardeur d'un homme au sang chaud. Dans le corps, la sensation glacée fige les élans, c'est que le sujet n'ose pas aller au bout de ses désirs ni de ses démarches. Inversement, le chaud représente une ébullition d'actes et de potentialités en désordre. Mais il pourra aussi s'agir, dans le processus de transvolution, d'une combustion du « karma » de la personne.

C'est donc cette atmosphère féminine, sensible, mouvante, irrationnelle, enthousiaste et craintive tout à la fois, peuplée d'ombres et de lumières, que nous allons explorer en interrogeant le symbolisme du ventre. Ses trois parties permettent de le comprendre : la structure osseuse du bassin, qui parle des valeurs profondes ; les eaux (sang menstruel, urée, liquide amniotique), qui décrivent l'atmosphère de ce monde sensible et les viscères, qui précisent enfin les huit fonctions psychiques nécessaires à l'élaboration du « sujet ». Commençons par la structure osseuse du petit bassin.

Chapitre 1

Le petit bassin

Sacrum, coccyx, iliaques, pubis et ischions dessinent le petit *bassin*. À eux cinq, ils forment le bol qui tient l'eau du bassin. Mais de quoi s'agit-il ?

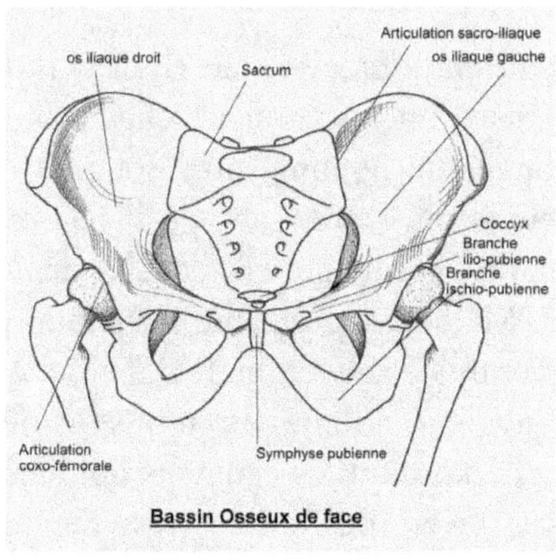

Anatomie du petit bassin. Source : wikimedia.org

Le petit bassin, *pelvis minor*, se traduit par « petit chaudron », il ressemble en effet à un bol.

L'image du druide Panoramix concoctant, dans un chaudron, une potion magique pour renouveler la force des guerriers n'est pas seulement une invention de dessinateur. Les mythes grecs mettent en scène un personnage qui illustre la fonction symbolique du « petit chaudron ». Il s'agit d'une ancienne connaissance, Médée, la compagne de Jason. La jeune femme utilisa en effet son savoir de magicienne pour que son homme retrouve le trône auquel il avait légitimement droit. Elle affirma à l'usurpateur vieillissant qu'elle connaissait un secret qui lui rendrait sa jeunesse. Pour prouver ses dires, la sorcière dépeça un bélier chargé d'ans et jeta les morceaux de l'animal dans un chaudron rempli d'eau bouillante, récita une formule magique et, sans plus attendre, du « *pelvis* » sauta un agneau qui se sauva en gambadant ! Alors le vieux roi souhaita ardemment subir le même traitement et il accepta d'être coupé en morceaux… mais la magicienne se garda bien de prononcer la fameuse formule magique ! C'est ainsi qu'il mourut et que Jason récupéra son royaume. Panoramix et Médée sont des maîtres magiciens. Dans ces deux exemples, le chaudron chauffé concocte une potion qui redonne de la force et, parfois, procure une nouvelle jeunesse à ceux qui en boivent. À condition toutefois de « sacrifier le bélier », un symbole riche en significations, sur lequel nous reviendrons.

La tradition arthurienne précise que Bran – l'un des noms du Roi Pêcheur – possédait lui aussi un chaudron merveilleux. Il suffisait d'y plonger un homme mort pour qu'il revienne à la vie quelques heures plus tard, sans qu'il recouvre toutefois la parole. Or Bran fit imprudemment cadeau de l'objet précieux au roi d'Irlande, Matholwch. Quand, beaucoup plus tard, Bran entra en guerre contre ce souverain, il s'aperçut que les hommes de Matholwch avaient allumé du feu sous le chaudron de résurrection et y déposaient les cadavres de leurs guerriers tués au combat. Au lever du soleil, les dépouilles s'étaient transformées en de nouveaux assaillants pleins de forces. Il est dit encore, d'un autre chaudron merveilleux, qu'il *ne fait pas bouillir la nourriture du lâche*. Un autre encore contient de l'hydromel, le nectar d'immortalité de la tradition celte[3].

Le chaudron corporel, le petit bassin, est donc un lieu de ressourcement vital pour l'homme et la femme qui terminent le grand voyage suggéré par les membres inférieurs. Ils ont tant combattu au nom de leurs désirs d'élévation ! Quelles que soient les traditions et les images, la source du rajeunissement bouillonne dans le petit bassin. La biologie ne contredit pas le mythe puisque les organes génitaux assurent à l'espèce humaine son immortalité et, à chaque génération, manifestent une victoire sur la mort. En réalité, les mythes mettent en scène *deux* symboles de victoire : la coupe et la couronne. Nous en avons conservé le souvenir en offrant *une coupe* au vainqueur d'une course et en nommant l'examen de fin d'études un « baccalauréat », un terme apparenté au latin *laureare,* « couronner de lauriers ». Il s'agit de deux victoires différentes cependant. La coupe signe la victoire de l'énergie. C'est pourquoi Zeus offrira à la mère du petit Héraclès, futur immortel, une coupe d'or pour la remercier de leur nuit d'amour. Le vainqueur d'une course qui reçoit la coupe est le compétiteur qui sut utiliser au mieux son énergie. La couronne, quant à elle, signe la victoire de la conscience. C'est l'emblème d'Apollon, le dieu de la lumière. L'étudiant qui a obtenu son baccalauréat et l'académicien ont prouvé leur capacité à élargir leur conscience en explorant différents domaines du savoir. Il est donc normal que le petit bassin ait la forme d'une coupe puisque c'est là où, pour la première fois, l'énergie apparaît dans sa pure nature et dans son pouvoir ultime : assurer l'immortalité. Par contre, la pure conscience se porte sur la tête, comme une couronne de laurier. C'est précisément le mouvement de cette *énergie et de cette conscience* que nous suivons pas à pas dans son évolution en explorant les courbes du Parchemin Magnifique. En bas, dans le bassin, l'énergie

---

[3] Jean Marx, *La légende arthurienne et le Graal*, éditions des Presses Universitaires de France, p. 136-138.

domine sur la conscience ; en haut, dans la tête, la conscience prime sur l'énergie.

L'un de ces chaudrons mythiques nous est parvenu[4]. Sur ce vase d'argent est gravée la figure du dieu celte Cernunnos, à cornes de cerf, qui tient entre ses mains un serpent surmonté d'une tête de bélier[5]. Le thème du bélier appartient au mythe grec avec Médée, à la tradition celte comme l'expose le vase de Gundestrup et aux trois monothéismes. Jésus ressuscité du tombeau n'est-il pas « l'agneau de Dieu » offert en sacrifice pour racheter les péchés des hommes ? Et racheter les péchés du monde, n'est-ce pas le rajeunir un peu en le libérant de ses lourdeurs ?

Le Bélier est aussi le signe astrologique qui commence le *zodia-eikon*, la « roue de la vie ». Chaque printemps, le zodiaque ressuscite, la roue de la vie démarre un nouveau tour.

Étonnante parenté des symboles mythologiques qui proviennent peut-être d'une source unique : la géographie corporelle de l'être humain. Car, nous le verrons, *le buste du bélier est bien situé dans le pelvis minor.*

Mais avant d'explorer en détail le système génital, comme déposé dans le chaudron merveilleux, attardons-nous un instant sur la structure du bassin, c'est-à-dire le programme auquel est convié l'homme qui entre dans le processus de sa renaissance sous une triple possibilité : la naissance du corps biologique

---

[4] Il s'agit du vase d'argent de Gundestrup, trouvé en Jutland et conservé au musée de Copenhague.

[5] Cernunnos signifie « le bel encorné » ou « celui qui a le crâne comme celui d'un cerf », ou bien encore « celui-aux-quatre-coins ». La ramure qu'il porte sur la tête est celle d'un animal qui la perd chaque hiver pour la recouvrer plus splendide encore au printemps suivant. Les bois de cerf tombent en février et repoussent de mars à septembre, en comptant un andouiller de plus chaque année. Ils atteignent leur plein épanouissement à la septième année où le cerf est alors un dix-cors, au moment où toutes les forces de l'animal vont être consacrées, après une lutte contre les rivaux, à la fécondation des femelles. Son rôle de géniteur accompli, le mâle épuisé va redevenir célibataire, puis il perdra l'ornement qui faisait sa fierté. Ainsi Cernunnos symbolise-t-il à la fois la force fécondante et le cycle des renouvellements. Marc Questin, La tradition des Celtes, éditions Lanore, 1994.

dans l'involution, celle du corps psychique dans l'évolution et enfin le corps de gloire, cette promesse de la transvolution.

Le coccyx

Chez l'homme, le coccyx est un vestige de la queue des mammifères. Sa perte symbolise le début de l'humanisation. Mais il rappelle aussi la part d'animalité en l'homme, notamment son besoin de posséder un territoire pour garantir sa sécurité alimentaire et un partenaire qui assurera la perpétuation de l'espèce.

« Coccyx » vient d'un mot grec qui désigne le « coucou ». L'oiseau est célèbre pour pondre ses œufs dans le nid des autres. Le paradoxe du coccyx symbolique commence à poindre… et pourrait se formuler par ces premières questions : Quel est mon vrai territoire ? Où est ma vraie demeure ?

Les textes grecs précisent que Zeus se métamorphosa en coucou pour séduire Héra, *sa sœur jumelle*. Un coucou pour plaire à celle dont la fonction consiste à protéger le foyer ! Difficile d'imaginer des valeurs plus antinomiques. Il est vrai que Zeus se comporte comme un coucou en multipliant les enfants hors mariage. Ce qui rend Héra jalouse, blessée dans sa fonction de « protectrice du foyer ». La jalousie de la déesse symbolise l'angoisse de perdre sa sécurité affective et son territoire. Cette situation contradictoire signe la présence d'un archétype. Dans la remontée, l'homme conscient s'interroge enfin. Est-il propriétaire du sol ou seulement un invité ? Et ne risque-t-il pas de se comporter en parasite aux dépens de son hôte ?

« Coucou », le nom de l'oiseau-dieu qui habite chez les autres, a donné les termes « cocu » et « encorné ». Le cocu est celui qui a laissé le coucou entrer dans son foyer.

Pourtant, dans l'évolution, le sujet à qui il survient une telle mésaventure pourra méditer sur le sens symbolique de l'événement. « Être trompé » signifie peut-être que la personne s'est trompée de compagnon ou de compagne, que le foyer rêvé n'est pas son « vrai » foyer, que l'âme sœur qu'il crut rencontrer n'est que le fruit magnifié de ses désirs. D'une manière générale, le corps au coccyx douloureux crie ce message : Le lieu où tu tentes de t'installer n'est qu'un habitat de vacances, car tu es en vacance de toi-même. Il est temps de quitter ton nid, d'ouvrir grand tes ailes ! Vois cela ! Libère-toi de cette maison trop facile et ouvre-toi à l'immensité de tes possibles.

Le bon sens populaire se moque volontiers de celui qui « a des cornes ». Inversement, les lois religieuses et civiques soutiennent la cause d'Héra, qui réprouve l'adultère. Les systèmes légaux choisissent le parti de la « victime » alors que la sagesse de l'inconscient sait à quel point il est ridicule de chercher à rester là où l'on ne devrait déjà plus être. Réduire le coucou à un parasite serait sous-estimer la sagesse de la Nature. Peut-être l'oiseau est-il suffisamment sage pour comprendre que son foyer n'est qu'un emprunt. Car sa vraie demeure est ailleurs, elle n'appartient pas à ce monde. L'identification de l'homme au besoin animal de posséder un territoire s'estompe déjà.

La langue des oiseaux entend « coq six ». Et l'on sait à quel point le coq surveille jalousement ses poules, jouant la même partition qu'Héra envers Zeus. Par ailleurs, « six » à la même racine étymologique que « sexe ». Voici deux jolies images de l'énergie vitale enfouie dans le chaudron pelvien !

Le sujet se comporte-t-il comme un « coq-six » qui surveille sa poule et défend jalousement son poulailler ? C'est possible. Mais il risque d'oublier l'essentiel. Car l'oiseau, par son chant matinal, annonce le lever du nouveau soleil. Quoi de plus limpide pour signaler la venue imminente d'un nouveau jour ? Le coccyx prend la suite logique du travail de la hanche : il entrouvre la porte de la conscience à la lumière du nouveau monde. Certes, le coq ne vole pas, ou si peu ! Mais il claironne haut et fort la venue de l'aurore ! Le sujet affirme son désir de renouveau, il est avide de quitter son ancien foyer pour s'élever, même lourdement, vers le sacrum, vers le « sacre de l'homme ».

Coq d'argent, crêté et barbé de gueules.
Dessiné par Jérôme BLUM. Wikimedia.org

Il faut reconnaître que, souvent, le coq au vol pesant se contente de prophétiser une « vérité » sans l'avoir vérifiée par l'expérience. C'est que cette personne ne s'est pas encore calcinée dans sa propre expérience. Perchée sur les ergots de ses certitudes, elle analyse les faiblesses de ses compagnons et leur prodigue de généreux conseils dans l'espoir sincère de les éclairer. Lorsque le coq surgit dans les rêves éveillés, entre l'ombre d'une nuit finissante et la lumière naissante de l'aube, il marque la prise de conscience de cette attitude contradictoire[6] :

> « Le coq est un révélateur des contraires. Les thèmes majeurs qui alimentent les rêves auxquels le coq accorde sa participation sont extrêmement variés. Il se déploie sur toute la gamme des composantes susceptibles de former une problématique. Il serait sans intérêt d'en produire l'inventaire. Ce qui mérite l'attention c'est la diversité des couples d'opposés qui constituent l'escorte rapprochée de l'image. Il serait présomptueux d'en dresser une liste exhaustive. On retiendra : l'attrait des richesses et le renoncement aux possessions, l'action de prendre et celle de donner, l'attitude agressive et le comportement protecteur, la décision de quitter les parents et l'aspiration à revenir vers eux, la soumission au temps

---

[6] Georges Romey, *Encyclopédie de la symbolique des rêves*, éditions Quintessence.

mesuré et le sens de l'éternité, la nostalgie de l'innocence et l'appel
de la sexualité, l'amour de la vie et la conscience de la mort. »

Ces longues contradictions s'égrènent entre chien et loup, lors
de ces moments de transition auxquels nulle vie n'échappe,
alors que la nuit qui s'efface n'a pas encore complètement cédé
devant la ferveur d'une nouvelle conscience. Les adolescents
connaissent bien cela. Les douleurs au coccyx questionnent la
cohérence entre leurs désirs et leurs actes. Chez l'adulte, le
coccyx invite la personne à harmoniser désirs et mode de vie en
s'engageant intensément au nom des valeurs nouvelles qui
surgissent du fond de son être. Mais il pourra aussi lui signaler
que l'âme sœur qu'il s'est choisie n'est pas encore son *alter
ego*.

Dans l'involution, le coccyx parle du besoin de posséder pour
garantir une sécurité affective et matérielle au sein d'un foyer
consacré à une descendance. L'éveil de la force vitale s'oriente
vers la défense des avoirs dont le sujet est profondément
jaloux : ses « poules ». Le cœur exprime, au contraire, la
générosité et le don de soi. En d'autres termes, l'amour-propre
du coccyx n'est pas encore l'amour « *propre* » du cœur. Même
s'il se prend parfois pour le seigneur du monde, le coq reste
simplement le roi du poulailler. La « basse-cour » du « coq
six » n'est pas encore la « haute cour » du cœur. Le désir pour
le sexe n'est pas le désir d'aimer au rythme d'une vraie
palpitation cardiaque. Dans la descente, le désir narcissique de
paraître se pavane et touche au cœur une volée d'admiratrices,
précisément nommées des « coquettes ».

Remarquons que notre gallinacé national maintient en mémoire
plusieurs caractéristiques de la population française et de son
histoire : des modes relationnels fondés sur la séduction et une
parole non congruente qui promet bien plus qu'elle ne réalise.
Pourtant, la France a annoncé au moins par deux fois
l'émergence d'un nouveau monde. La Révolution de 1789 sema
les graines de la démocratie partout dans le monde, et, dans une
moindre mesure, son combat pour maintenir « l'exception

culturelle » en Europe face à l'omniprésence de la culture américaine signe la « mission » de la France. Quels nouveaux mondes annoncer aujourd'hui ? Et qui le fera si ce n'est la culture française issue *des Lumières* ?

Sur la voie de l'évolution, le moment est venu *de penser la distance qui sépare les contraires*, de formuler l'entre-deux qui sépare le bien du mal, la pauvreté de la richesse, le danger de la sécurité, la possession du dénuement, le rationnel de l'irrationnel. Penser les contradictions de soi et du monde pour rendre visibles les innombrables barreaux de l'échelle qui les relie. C'est aussi cela la diplomatie.

Les douleurs au coccyx disent que le moment est venu de quitter la sécurité d'un foyer, d'une entreprise ou d'une religion. Elles signalent que ces identifications sont en voie de fêlure. Au pire, cela signe une attitude « parasitaire » qui consiste à se laisser nourrir par sa communauté ou sa famille alors que le sujet peut se débrouiller seul. Sur le chemin de l'évolution, la même douleur demande à la personne de regarder en face ses contradictions, de les conscientiser courageusement pour laisser émerger en elle la clarté d'un nouveau jour aux mille nuances. Avec le coccyx, l'homme quitte le monde de sa nuit animale pour s'intérioriser et observer, presque ébloui, le lever du soleil de la conscience de soi. Il pense et voit cette zone de clair-obscur où tout semble possible. Il se bat sans foyer dans l'entre-deux-mondes.

Dans la transvolution, le coccyx réintègre dans la psyché humaine cette très belle image mythologique : Zeus séduit Héra, sa sœur jumelle, en se métamorphosant en coucou/coccyx. Cette partie basale de la colonne vertébrale marque l'union de deux « âmes sœurs », deux personnes engagées ensemble pour la manifestation terrestre d'une lettre du nom de Dieu. Alors le coccyx fait enfin pleinement écho à sa contrepartie du haut de la colonne vertébrale, l'atlas, du nom du Titan qui porte les étoiles sur sa tête.

Le sacrum

Ces cinq vertèbres soudées relient entre elles les deux ailes iliaques. Elles forment un monticule triangulaire en bas de la colonne vertébrale. Le sacrum doit son nom à sa fonction religieuse, car, dit-on, il soutenait les entrailles des animaux offerts en sacrifice aux dieux. De son côté, la langue des oiseaux entend « sacre homme », le « sacre de l'homme ». Il s'agit de cinq vertèbres « sacrées » qui parlent des aspirations spirituelles du sujet, de son désir de communiquer avec un dieu par la médiation de l'autel du sacrifice. La conscience du sacré prépare l'épanouissement de la psyché (les iliaques en forme d'ailes de papillon) et confirme la sortie hors des vestiges de la nature animale (le coccyx).

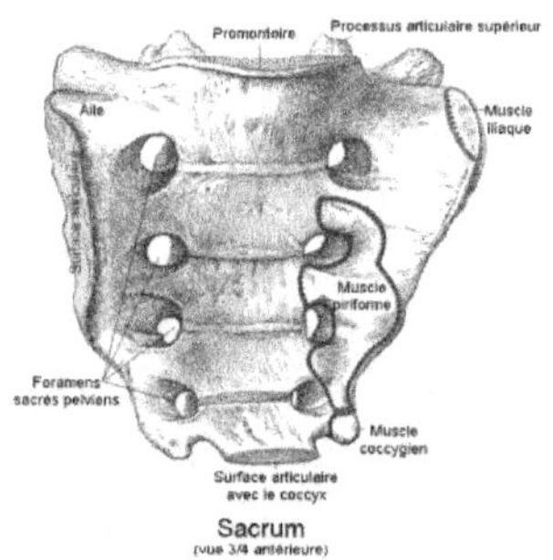

Le sacrum avec ses cinq vertèbres soudées. En bas, il est relié au coccyx.
Auteur : Berichard. Source : <u>wikimedia.org</u>

Sa forme pyramidale tournée vers le sol accentue la présence symbolique du temple. Sa base voûtée, en haut, se nomme précisément « promontoire sacré ». Difficile à inventer !

Soutenu par les ailes iliaques à droite et à gauche, le sacrum prédispose à la sortie hors du « foyer », jalousement gardé par Héra et dénoncé par son mari, le coucou. Ce processus d'élévation suppose en effet un « sacrifice », du latin *sacrificere*, « faire du sacré ». Le sacrifice n'est pas souffrance, mais abandon de soi et de son « territoire » pour accueillir une nouvelle impulsion. La direction que vise le sommet de la pyramide indique le but de cette transformation. La pointe du sacrum se dirige vers le bas, vers l'accomplissement du sacré sur la terre et dans le corps. Cette lecture vaut surtout dans la

28

transvolution. En attendant, la pyramide tournée vers le bas est une mise en garde. La zone du bassin est en effet le lieu où de nombreux signifiants s'inversent. C'est ainsi que les eaux permutent les images reçues du monde extérieur, que les « tripes » ne sont pas encore de l'« esprit », même si elles sont construites avec les mêmes « lettres », et que le vase à vinaigre (l'*acetabulum*) n'est pas la coupe du Graal où fut recueilli le sang du Christ[7]. Les organes du bassin ne cessent de le dire : il est urgent, à ce stade, de conserver en mémoire l'état d'immaturité relative de la religion sacrificielle qui conçoit le sacré dans le miroir de ses offrandes. L'entrée de l'énergie-conscience dans le « sacre homme » est un début bien plus qu'un accomplissement. Celui qui n'y prendrait garde confondrait aisément le reflet avec la réalité. Alors il risquerait de rester *soudé* à elle. C'est ce qu'expriment symboliquement les cinq vertèbres du sacrum qui n'ont pas encore acquis la souplesse et la liberté de leurs consœurs. « Cinq » est le chiffre de l'homme avec ses cinq doigts responsables de l'hominisation, ses cinq sens et d'un point de vue ésotérique, sa maîtrise du cinquième plan, le mental. La conscience du sacré, à ce stade, impose au croyant une adhésion sans failles aux valeurs qu'il contacte : Église, mais aussi Famille, Patrie, Entreprise, Cause, Idéologie ou Parti. Le besoin d'unité, cette note clé qui résonne à l'entrée du bassin, est vécu sous la forme du dévouement pour une cause. Pour la première fois, la personne se « sacrifie » au nom de quelque chose qui dépasse ses désirs de réalisation personnelle. La cellule familiale est la première structure qui permet à l'individu de s'émanciper de lui-même en privilégiant le bien de son compagnon, de sa compagne et de ses enfants. Puis viennent les grandes causes pour lesquelles il se sent prêt à donner du temps, de l'énergie et parfois sa vie. Dans l'involution, l'inconscient familial et national conditionne les attitudes du sujet ; dans l'évolution, la personne se met au service de l'une de ces grandes valeurs collectives.

Le sens du sacré naît symboliquement dans le sacrum. Il s'agit,

---

[7] *Cf.* le volume 1 de cette série, consacré aux membres inférieurs.

plus exactement, *de la première perception sentimentale* de la Présence. La théologie et la philosophie sortent du domaine spéculatif pour devenir vivantes par le biais de l'engagement personnel. Pourtant, les cinq vertèbres *soudées* évoquent une fusion avec l'archétype au risque d'entraîner un rétrécissement du champ de la conscience. « Être soudés » représente une attitude de soumission au principe d'unité, sans aucun degré de liberté ni capacité de recul, sans réaliser que tout ceci n'est finalement qu'un jeu (sous-dé). Le Parti, l'Église, l'Entreprise et la Famille exigent discipline et obéissance. À l'étape des vertèbres sacrées, il faudrait mettre en garde la personne contre une identification à des valeurs jugées essentielles, au risque de renoncer à sa liberté. Une telle soumission figerait la suite du voyage ascensionnel de la conscience-énergie. Le jeu (de dé), dit encore le corps-symbole, est un bon remède contre la tyrannie des certitudes. Rares sont les États totalitaires et les militants autoritaires qui affichent leur sens du ridicule et font preuve d'autodérision !

Lorsque le sens du jeu apparaît, il s'accompagne d'une prise de recul. Alors ces premières vertèbres dites « soudées » sont lues comme un début de différenciation de la conscience-énergie, une singularisation qui augmentera sans cesse en remontant le long de la colonne vertébrale, jusqu'à l'entière liberté de l'atlas.

La conversion des hanches (Jacob, le Roi Pêcheur) et la vision des effluves d'un nouveau monde (coccyx) produisent naturellement les missionnaires du sacrum. Cette étape entraîne les êtres les plus sensibles à s'ordonner prêtres, évêques ou papes de nouvelles religions. Les autres découvrent les merveilles de la science, de l'athéisme, du communisme ou du libéralisme. Tous prennent leurs émerveillements pour la vérité. Nombreux furent les archétypes dégradés au rang d'idoles, sans nombre furent les solutions totalitaires magnifiant la tyrannie d'une solidarité de classe ! Entreprise, Famille, Nation, Religion, Consumérisme : tous ces lieux qui imposent aux personnes de rester collées les unes aux autres au nom de « valeurs supérieures » appartiennent au sacrum sur le chemin de l'évolution. Néanmoins, seul le héros solitaire poursuivra son ascension, car il connaît la valeur et le poids de la solitude.

Chez la femme, le sacrum est plus large que chez l'homme. La perception du sacré y serait-elle plus naturelle ?

Au plus haut niveau, la forme pyramidale du sacrum représente la réunion des influences cosmiques avec les énergies telluriques, de la vie terrestre avec la vie spirituelle. Celle-ci ne se matérialisera que beaucoup plus tard, à la fin de la transvolution, par le mariage de Zeus avec sa sœur jumelle, dans le coccyx. Alors se déploiera la conscience « divine » androgyne sur la Terre.

Les douleurs au sacrum suggèrent une souffrance inavouée dans ces grandes maisons que sont la Famille, la Patrie, la Religion ou l'Entreprise. La crainte de la trahison taraude, à moins que l'exigence de solidarité ne « soude » le sujet à son groupe au point d'étouffer sa liberté. Le moment est venu de les quitter. L'identification de la conscience à l'une de ces structures n'est qu'une étape sur le chemin qui monte vers les cieux, vers « la maison du Père » symbolisée par la voûte crânienne. Dans le processus de la remontée, le sacrum endolori dit l'urgence de se désolidariser des valeurs collectives qui figent l'évolution psychique ou spirituelle de la personne. Elle devrait poursuivre *seule* son ascension le long de la colonne vertébrale, vers l'axis puis l'atlas. Dans la descente, le message est inversé : devenir plus coopératif et participer à l'œuvre collective.

Sur le plan pathologique, les souffrances du bas peuvent se manifester en haut. Ainsi l'œdème de Quincke, qui est un gonflement soudain de la muqueuse de la bouche et de la gorge suite à une allergie, pourra signaler qu'une situation familiale, sociale ou professionnelle est devenue si « gonflante » que le corps produit un symptôme. L'engagement dans des responsabilités familiales ou de travail pèse. Elle prive la personne de sa liberté créatrice. Cela se produit car le bas de la colonne vertébrale est en résonance avec sa partie haute et ses organes liés, vertèbre par vertèbre.

Les ailes iliaques

Cette partie de l'anatomie rassemble trois os : le pubis, l'ilion et les ischions. En forme d'ailes, les iliaques codent l'apparition de la partie aérienne et immatérielle de l'être. Nous verrons bientôt que le travail des viscères consiste à éveiller le « psychisme ». Cet éveil est souvent métaphorisé par un papillon, dont le nom grec se traduit par « psyché ». En dessinant un papillon, les iliaques symbolisent le désir d'élévation du sujet qui s'émancipe des grandes familles auxquelles il vouait naguère sa foi. Chaque os impose une condition pour réussir cette sortie hors du cocon familial et social.

Les ilions

« Ilion » est construit sur un mot latin qui désigne les « îles ». Les ilions parlent du paradoxe de l'île. Est-ce un espace de solitude et d'exil, loin de toute vie active, stérile aux yeux du sacrum et de ses engagements collectifs ? Ou est-ce un lieu de bonheur accompli, un paradis rêvé ? Les mythes proposent les deux images. D'un côté, il y a Dédale, exilé en Crète ; de l'autre, l'île d'Érythéia où Hercule s'appropria les vaches pourpres de Géryon. Les différentes traditions s'accordent sur un point : à l'ouest du monde, dans des îles mythiques, vivent des bienheureux qui ont mené à terme leur travail terrestre et sont dégagés de tous les soucis matériels.

Ces valeurs contraires – sentiment d'exil et aspiration à un bonheur parfait – nourrissent le drame de l'adolescence. La jeunesse est un âge naturel d'involution. L'adolescent veut tout, tout de suite. Et il s'imagine qu'accomplir ses désirs (coccyx) tout en s'engageant dans une communauté (le sacrum) le rendra parfaitement heureux (les iliaques). L'île lui rappelle pourtant que l'expérience de l'exil est la condition de sa maturation intérieure. Plus tard, à l'âge adulte, lorsque la conscience-énergie remontera le long de sa géographie corporelle, les ilions répéteront cette question, mais avec une autre acuité : Le moment n'est-il pas venu d'ouvrir tes ailes, au risque de la solitude, pour réaliser la créativité qui t'habite ? Et, beaucoup plus tard encore, dans la transvolution, l'île iliaque marquera l'espace de la sagesse accomplie, le bonheur accordé à celui qui fit de sa vie un espace sacré (le sacrum) en pensant profondément les natures contraires qui font l'homme : animale et divine. Cette réunion ultime est merveilleusement symbolisée par le coccyx, qui représente *à la fois* l'androgyne divin *et* le vestige de la queue des mammifères.

Le pubis

La symphyse pubienne réunit les ailes iliaques et ferme le bassin. Une image géographique serait le bassin méditerranéen, partiellement clos par le détroit de Gibraltar. La mythologie grecque y situe les colonnes d'Hercule, mises en place par le héros du même nom pour éviter que les monstres ne pénètrent dans la mer du milieu des terres. Le pubis est donc une porte qui ouvre sur le grand monde. D'un côté, il s'agit de la passe qui conduit vers l'Océan mythique marquant les limites du monde connu dans la géographie antique, et de l'autre, l'ouverture que franchit le bébé lors de sa naissance. Il change d'univers et quitte l'espace océanique du ventre maternel.

« Pubis » vient du latin *pubes*, qui désigne un « signe de virilité » et un « poil follet ». Le poil décrit la force pendant que la forme triangulaire du pubis marque le lieu de la naissance. Nous sommes à nouveau à l'époque de l'adolescence puisque, sur le plan biologique, cette zone corporelle se couvre de poils et trouve sa force au moment de la puberté. Dans l'involution, la forme triangulaire du pubis souligne la nécessaire harmonisation entre père, mère et enfant au sein de la famille. Au moment de l'adolescence, il évoque l'équilibrage des relations parentales. Ce triangle est isocèle, avec l'enfant à son sommet et les parents en base, chacun à une distance égale.

Sur le chemin de l'évolution, des pieds vers la tête, le triangle pubien se lit comme le propose Georges Romey[8] :

> Le triangle est une porte lumineuse qui donne accès à l'autre côté de l'être. Cette porte ouvre sur un chemin de joie, d'harmonie et de plénitude, sur une route qui conduit vers tous les possibles. C'est un seuil de renaissance. Le triangle imaginaire est à la fois la porte et le sésame qui en commande l'ouverture.
> […] Le triangle du rêve est une porte ouverte sur un chemin de lumière et de plénitude. Par lui le rêveur trouve cette force d'accomplissement liée au sentiment d'être en harmonie avec la totalité. Lorsqu'il apparaît dans un scénario, le triangle traduit une étape déterminante de la dynamique d'évolution. La rêveuse ou le rêveur accèdent à la réalisation dans l'esprit parce qu'ils acceptent d'établir l'indispensable équilibration affective vis-à-vis des deux images parentales. Le triangle lumineux ne sera perçu que par celles et ceux qui se sont acquittés de la tâche préalable d'harmonisation du triangle familial.

La zone pubienne est une porte lumineuse pour renaître au sein d'un monde où règne une plus grande harmonie. Les pathologies du pubis questionneront l'ambiance familiale et la qualité du soutien des parents vis-à-vis de leur enfant. Elles invitent encore à trouver la force de franchir un passage qui conduit vers un nouvel équilibre intérieur. La langue des oiseaux entend « pu-bis » : la répétition (bis) du pouvoir (pu).

Le pubis triangulaire comme la constellation du Bélier (*cf. supra*) et entouré de poils « virils » code la volonté de manifester l'invisible dans le visible. Dans l'involution, il a le pouvoir de donner naissance ; dans l'évolution, il code la capacité du sujet à s'accomplir dans la plénitude. Quant à la transvolution, elle évoque les pouvoirs des Siddhas, ces êtres accomplis en termes d'énergie, capables, par exemple, de créer des objets réels à partir de « rien ».

---

[8] Georges Romey, Encyclopédie de la symbolique des rêves, éditions Quintessence.

Les ischions

Ils relient pubis et iliaques. Ces os supportent le poids du corps lorsque la personne est assise. En d'autres termes, ce sont les fondements (sans jeu de mots !) sur lesquels l'être peut s'appuyer lorsqu'il a quitté les cuisses symboliques, avec ses valeurs d'action, de séduction et d'aventure. Dans le bassin, l'ilion se positionne *en haut,* le pubis *en avant* et l'ischion *en bas*, puisqu'il s'emboîte avec le fémur. La géographie symbolique désigne le haut comme l'esprit, le bas comme la matière et l'avant comme la manifestation, fruit d'une alliance entre l'esprit et la matière. Ici les valeurs sont respectées, puisque le bonheur idéalisé est codé dans les ailes iliaques, les ischions sur lesquels nous nous asseyons désignent nos fondements (nos valeurs) et le pubis ouvre la porte de la manifestation dans le monde.

Le petit bassin en forme de chaudron est donc bâti sur cinq os, autant de valeurs fondamentales que l'adolescent contacte au moment de la puberté pour prendre son envol hors du cocon familial : l'aspiration au bonheur parfait (les iliaques), des valeurs personnelles profondes sur lesquelles s'appuyer (les ischions), l'impulsion à oser sa force en s'adossant sur l'harmonie familiale pour entrer dans le monde des adultes (le pubis), la perception que la maison de ses parents n'est pas sa vraie demeure (le coccyx) et l'intuition que le moment est venu de s'engager pour défendre une cause plus grande que sa personne (le sacrum). La « potion magique » qui l'aide à accomplir tous ces changements vitaux est l'éros qui bouillonne dans son ventre. Le corps symbolise cela en déposant le système génital dans le chaudron pelvien.

Quant à l'homme mûr sur la voie de l'évolution, il se prépare activement à sa deuxième naissance. Il a d'abord perçu la présence du sacré (le sacrum), puis se sentit motivé par la prescience d'un monde meilleur empli de beauté et d'harmonie (les iliaques). Il réalise alors profondément que sa vraie demeure n'est pas celle des réussites familiales et socioprofessionnelles (le coccyx). Ses valeurs fondamentales se modifient (les ischions). Il trouve le courage d'écouter son désir d'entrer en Dieu (le pubis) pour renaître dans un nouveau monde (le bassin). Le feu du désir est le même que celui qui porta naguère l'adolescent vers des expériences collectives loin du cocon familial. Mais l'homme a maintenant les yeux rivés sur l'infini. Et c'est la conscience de cet infini qui le libère à son tour du cocon socioculturel.

Dans les pieds, l'éros était une force de redressement ; dans les genoux, c'était un moyen de se lier intimement à l'autre ; dans le bassin, il devient une puissance d'identification à des valeurs jugées essentielles : la bande d'amis pour l'adolescent, le sens du sacré pour l'adulte.

Les cinq os du chaudron merveilleux contiennent donc l'éros. Le corps le symbolise par la présence du système génital. C'est lui que nous allons maintenant questionner en revenant vers la figure du bélier sacrificiel.

Synthèse, le petit bassin

Le petit bassin métaphorise, dans le corps, le chaudron merveilleux des mythes. En forme de bol, il contient la « potion magique » qui donne sa force au héros et le conduit vers une renaissance. Cette force est pur « éros ». Le sujet entre pourtant dans un univers d'eau, sensible, féminin et matriciel, où domine l'expérience *intérieure*. L'heure n'est plus à l'aventure personnelle d'Ulysse (les cuisses) mais à l'exploration de la psyché, ces ailes de papillon dessinées par les os iliaques posés de part et d'autre du sacrum. Le bol pelvien est structuré par cinq os :

Le coccyx apprend à penser les contraires. La prise de conscience des couples d'opposés crée d'abord un sentiment de déchirement intérieur. Alors s'impose la conscience que sa « vraie demeure » est ailleurs. Il est temps de quitter la « mère » et d'avoir confiance en ses propres élans. Négativement, il y a un risque d'enfermement dans une attitude de séduction et de profération de paroles brillantes mais peu congruentes. Animal et homme, nuit et point du jour, maison d'emprunt du coucou et foyer trompé du cocu : tout invite *à penser les lieux de passage*. Ces « entre-deux » où règne le clair-obscur offrent l'immense don de la liberté, car rien n'est encore figé.

Le sacrum évoque par son nom la conscience du « sacré », le désir de s'unir à d'autres personnes au nom d'une cause pour se métamorphoser (remontée) ou changer le monde (descente). Foi, Famille, Patrie, Entreprise… autant de lieux où l'individu dépasse son individualisme. Dans la descente, une douleur au sacrum est un appel à développer le sens du collectif pour y sacrifier les certitudes individualistes acquises dans les membres inférieurs. Dans la remontée, elle crie qu'il est temps de reprendre son chemin, seul.

Les ailes iliaques rappellent que le bonheur est un droit fondamental de tout être humain. Dans la descente, celui-ci se fonde sur l'harmonie familiale (**pubis**) et la reconnaissance de ses valeurs fondamentales (**ischions**) sur lesquelles la personne ne devrait jamais transiger. Les **ilions** invitent à privilégier la partie immatérielle de soi. Le déploiement des ailes de la psyché est soutenu par la porte du pubis lorsque le sujet trouve la force de la franchir, et par la solidité des ischions. Dans l'évolution, il s'agit de découvrir son île, son espace de solitude, puis de l'harmoniser aux besoins du continent, c'est-à-dire aux demandes du collectif. Dans la transvolution, la plénitude *(psyche,* le papillon) est liée au sentiment de se sentir en harmonie avec la totalité pour créer (le pubis), tout en conservant précieusement une assise terrestre (les ischions) et le sens de sa différence (ilions).

Chapitre 2

Le système génital féminin

Jésus crucifié puis ressuscité fut surnommé « l'Agneau de Dieu ». Lorsque Abraham s'apprêta à sacrifier son fils Isaac, celui-ci fut remplacé *in extremis* par un bélier, en raison de l'obéissance du patriarche à la demande de son Dieu. Mais les monothéismes n'ont pas le monopole de la figure symbolique du bélier sacrificiel. Nous savons que la Toison d'or était la pelisse d'un bélier volant, gardée dans le jardin d'Arès. On se souvient également de Médée qui plongea un agneau démembré dans le chaudron magique pour redonner son trône à Jason, et que le pourtour du bol d'argent de Gundestrup offre au regard des divinités à tête de bélier, qui meurent puis ressuscitent, rajeunies. Dans tous les cas, le bélier métaphorise un processus de mort sacrificielle suivi d'une renaissance.

Ces étonnantes convergences s'expliquent peut-être par l'observation que le buste du bélier est codé dans la morphologie féminine. En effet, la tête de l'animal dessine exactement le système génital féminin :

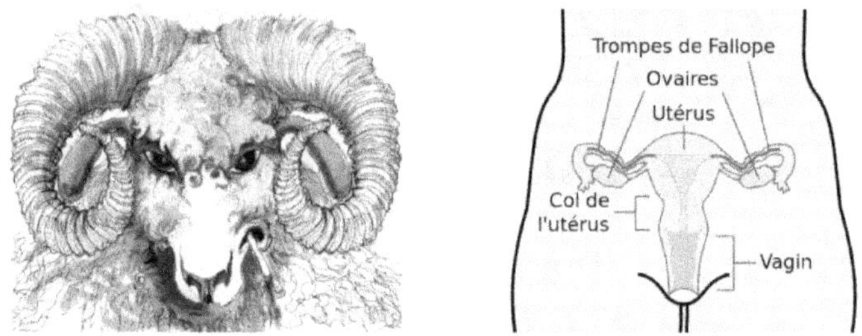

Buste de bélier et système génital féminin (Wikimedia)

Lorsque Médée plonge un agneau dans le chaudron magique, elle dévoile sa géographie intime ! Néanmoins, le vieux roi apprit à ses dépens qu'il ne suffisait pas de s'immerger dans une bassine d'eau chaude pour redevenir vert. Seule la sorcière a le pouvoir de le rajeunir, car elle intériorise l'éros et dirige la force jusqu'à sa bouche par la prononciation de formules magiques appropriées. La magicienne est celle qui sait orienter ses énergies sexuelles vers sa gorge. Elle transforme l'intensité vitale en paroles et produit le miracle de la renaissance. Elle « comprend » que les régions sexuelle et laryngée sont morphologiquement inversées et en correspondance les unes avec les autres. De manière plus imagée, la femme conserve dans son petit bassin le secret de l'éternelle jeunesse. Lorsqu'elle l'élève jusqu'à sa bouche, elle propose à l'homme un baiser qui les rendra tous les deux jeunes et alertes comme aux premiers printemps de leur existence.

« Médée » vient d'une racine grecque qui a donné « méditer » au sens de « conceptualiser » et de « réfléchir ». La magicienne rappelle ce message si important, déjà transmis par les héros de la hanche comme Jacob, Carmen et le Roi Pêcheur : il est essentiel de penser pour poser des questions, de conceptualiser pour nommer les forces et les désirs, afin que le processus de renaissance dans le nouveau monde soit un succès.

Que savons-nous du mammifère qui meurt puis ressuscite ?

La constellation du Bélier

Dans le ciel, une figure triangulaire dessine la constellation du Bélier. Il s'agit ici de l'animal dont la toison en or est conservée dans le jardin d'Arès. Son buste est « caché » derrière une série d'étoiles qui évoquent, dans le corps, le triangle pubien dont nous avons déjà noté qu'il symbolisait la porte vers l'Autre Monde. Dans le ciel, comme dans le corps féminin, le « bélier » est caché derrière une porte triangulaire. Or, *le Caché,* c'est l'autre nom d'Amon, le dieu à figure de bélier, si important dans l'ancienne Égypte. Quelle puissance et quel secret voilent cette partie du corps, si ce n'est celui de la procréation et, par analogie, de la création ? Ce qui expliquerait pourquoi le Bélier devint le nom du premier signe zodiacal : il procède à tous les commencements. Nous négligerons ici les descriptions psychologiques du signe[2] pour nous intéresser au mystère métaphysique qu'il sous-tend : la question de l'origine. Il s'agit de passer du monde invisible vers celui de l'incarnation avec ses objets, ses couleurs et ses bruits.

Comment formuler cela autrement ? L'univers des physiciens naquit d'une singularité initiale, le Big Bang ; le monde des Titans et des dieux sortit d'une « faille » originelle, le « *chaos* » ; quant au bébé, il jaillit du ventre maternel par une autre faille. Le Bélier représente cette qualité d'énergie qui pousse à l'incarnation, c'est une volonté de manifester. Il porte en lui le tournoiement ininterrompu des forces mystérieuses et insondables qu'il nomme la « Vie », mais qui, sur le chemin du

---

[9] Pour une lecture psychologique des signes du zodiaque, se reporter par exemple à notre ouvrage, *La symphonie du Zodiaque,* aux éditions de Janus, ou encore au livre de Dane Rudhyar, *Le rythme du Zodiaque,* aux éditions du Rocher.

retour, l'appelleront à traverser la mort. Pourquoi la mort ? Parce que l'animal est toujours celui du sacrifice !

L'expérience du sacrifice est une partie du destin du signe astrologique du Bélier. Naturellement, les femmes sont particulièrement porteuses de cette mémoire, puisque le buste de l'animal se love dans leur petit bassin.

Derrière l'enthousiasme pour tous les commencements qui caractérise ce signe zodiacal subsiste un contact profond avec l'Origine, le non-représentable, l'inconceptualisable et l'impensable[10]. Le sacrifice du Sans-Forme produisit le monde manifesté. Certains Béliers se souviennent de ce passage de l'invisible vers le visible en termes d'énergies. Ils l'expriment dans leur vie quotidienne par des prises de risques, des combats dangereux, ou même en devenant cascadeurs. Mars/Arès, le maître traditionnel du signe, domine sur la voie de l'involution lorsque la mort est sans cesse frôlée, par défi. Lorsque la conscience s'en mêle, dans l'évolution, l'utilité du sacrifice apparaît. Il surgit, soit sous la forme d'événements extérieurs qui empêchent la personne de réaliser ses désirs, soit dans le choix de se dévouer pour une famille ou pour une cause. Grâce à ce « sacrifice », le sujet découvre des capacités créatrices nouvelles, hors des sentiers balisés. Découverte difficile, car il entre périodiquement dans la peur du vide, parfois dans la tentation suicidaire. C'est que retentit intensément l'appel de l'Origine, le désir inconscient et puissant de revenir vers le Soi en franchissant à nouveau le voile qui sépare la vie ici-bas de sa Source. Et puis, dans la transvolution, la personne renoue enfin avec cette Origine après avoir traversé l'angoisse du néant. Ce vide devient paradoxalement le propulsif qui la conduit à accomplir la fonction spirituelle du Bélier : initier un nouveau monde en exprimant sa « volonté de manifester ».

---

[10] L'impensable n'est pas l'impensé. Ce dernier laisse une lueur d'espoir au sujet qui se dit que, un jour, le mystère sera éclairci. L'impensable ne pourra jamais être pensé, d'où le vertige qui surgit lorsque l'être réalise profondément qu'une partie du réel, et non des moindres, est absolument hors de contrôle.

Selon le niveau de lecture, le « sacrifice » prend donc des sens distincts. Goût du risque et défi de la mort dans l'involution ; obéissance au contexte social et familial aux dépens de ses désirs essentiels : cette phase du processus d'évolution est nécessaire pour que la conscience regarde vers l'intérieur, elle qui était si habituée au sport, à la vitesse et à l'action. Ce retournement déstabilise la confiance en soi, née de toutes ses réussites dans la fulgurance du geste spontané. L'angoisse du vide surgit, parfois suivie du désir de se donner la mort. Alors le sujet n'a plus d'autre choix que de sacrifier sa volonté personnelle afin que l'Œuvre prévue de toute éternité par le Soi s'accomplisse à travers lui. Il comprend alors que son désir était à sa personnalité ce que le sens du service est à son âme.

Quoi de plus emblématique que la procréation biologique pour symboliser la volonté de créer un nouveau monde ? L'univers naquit du Caché, exactement comme le bébé naît de l'obscurité du ventre. Le ciel conserve la trace de ce surgissement dans le triangle des étoiles dites du « bélier » et le corps dans le triangle pubien qui voile le système génital féminin, si semblable au buste du mammifère.

La figure du bélier détient la volonté spirituelle de sacrifice. Subie, l'homme devient « bouc émissaire » ; utilisée, il risque de tomber dans son contraire, la figure du bourreau ; transformée, il immolera sa volonté personnelle pour accomplir ce qui est grand en lui.

Sa relation paradoxale au pouvoir conduit le sujet tantôt à dominer, tantôt à plier sans combattre. Car l'animal qui guide le troupeau est aussi le mouton de la soumission. Ce schéma mythologique est remarquablement illustré par l'histoire d'Abraham à qui Yahvé demanda d'immoler son fils Isaac. En acceptant d'égorger son enfant, Abraham démontre sa soumission inconditionnelle à la volonté de Dieu. Alors Yahvé se réjouit et envoie un bélier pour remplacer Isaac comme offrande sacrificielle. La soumission totale à un archétype, l'abandon du « moi » à un unique composant de l'univers métaphysique, est à la fois héroïque et générateur d'angoisses.

Pour compléter cette exploration de la figure du bélier, voyons comment il apparaît dans les rêves éveillés[11] :

> « Le mouton du rêve non seulement invite au passage, mais il entraîne au franchissement, il participe au mouvement libérateur. »
> « Il est grand en ce qu'il ouvre un chemin. »

Que dire d'autre pour symboliser cette partie du corps qui représente le système génital féminin et le canal de la naissance?

> « Le mouton imaginé est un signe de résurrection. Quelles que soient les racines de la problématique, lors de son apparition, ce qui était figé retrouve la flexibilité, ce qui était comme mort redevient vivant. La psyché inhibée par l'emprise du mental retrouve sa capacité naturelle de métamorphose. »

Corps, rêves et mythes puisent dans la même source d'inspiration. Le chaudron pelvien, avec son éros bouillonnant, est le lieu de la résurrection de ce qui est mort.

Au creux du petit bassin, l'homme sacrifie ses anciens idéaux. Les explorateurs des pieds, des chevilles, des genoux, des cuisses et des hanches demandaient sans cesse : Où vais-je ? Quel est le sens de ma vie ? Quelle est ma voie ? Dans son bassin, le sujet se pose. Il descend dans son espace intérieur et sacrifie ses anciens rêves. Alors une autre question surgit : Où est ma place ? Sa quête s'achèvera lorsqu'il réalisera que sa place est précisément là où il se trouve, d'instant en instant.

La femme a la tête du bélier dans son petit bassin. Elle est profondément consciente que toute pensée est vivante, qu'œuvre de chair et œuvre d'esprit ne diffèrent guère que par leur Source. Le système génital de l'homme est extériorisé alors que celui de la femme reste majoritairement à l'intérieur du corps. La femme intériorise la force pour croître en conscience,

---

[11] Georges Romey, *Encyclopédie de la symbolique des rêves*, éditions Quintessence.

alors que l'homme l'extériorise et l'utilise pour comprendre, puis pour agir sur les objets du monde. La force est intérieure dans le monde féminin alors qu'elle est projetée vers l'extérieur dans l'univers masculin. C'est pourquoi, en termes psychologiques, les femmes résistent mieux aux dépressions et sont plus à l'aise dans les processus de transformation psychique, comme le « développement personnel » aujourd'hui à la mode ; alors que les hommes choisissent souvent la transformation du monde par la science, la technologie et la guerre, ou s'investissent dans des activités sportives. *In fine*, les hommes sont fragiles intérieurement et forts physiquement, les femmes s'avèrent vulnérables dans l'exercice de la force et plus résistantes au stress.

Il existe donc une analogie entre la tête et le système sexuel. Lorsque l'on interroge le symbolisme du petit bassin, il faut aussi questionner le cou et la tête, les contreparties du haut. Le cou est un passage comme l'utérus ; les « lèvres » évoquent les « petites lèvres » ; la langue, le pénis ; la bouche, le vagin ; la thyroïde garde la porte de la vie spirituelle en haut, ovaires et testicules conservent celle de la vie biologique en bas.

Le thème du « sacrifice du bélier » sembla si important aux premières civilisations que deux des trois monothéismes, le judaïsme et l'islam, choisirent de l'accentuer en le signant sur la biologie corporelle du nouveau-né. Le troisième, le christianisme, fit de son prophète un « agneau de Dieu » sacrifié sur la croix.

La circoncision

Médée, la magicienne grecque, relia son sexe à sa gorge pour accomplir le miracle de la résurrection de la brebis. À l'exception notable de l'érection perpétuelle de Priape, qui a donné le vocable « priapisme », les mythes grecs sont peu diserts sur les organes de reproduction masculins. Par contre, la tradition juive met le pénis à l'honneur puisque la circoncision ne signe rien de moins que l'alliance du croyant avec son Dieu.

Contrairement aux Grecs, Abraham et les monothéismes sémitiques firent le pari de la séparation de la sexualité d'avec le Verbe. Quant au christianisme, il envisage la résurrection de Jésus — « l'Agneau de Dieu » — par une tout autre voie, celle de la « circoncision du cœur »[12].

Après *la quête* de Dieu symbolisée par les cuisses et les hanches, le sujet entre de plain-pied dans sa vie intérieure, dans la partie cachée du réel, dans son ventre qui recèle le plus grand des mystères : celui de son origine biologique mais aussi métaphysique. La relation sexuelle est une pénétration dans cet espace impensable du début. C'est pourquoi G. Romey remarque que le pénis apparaît dans les rêves d'hommes qui voulurent, mais ne purent, exercer une vocation religieuse en raison de la contrainte de l'abstinence. Le pénis symbolique est un chemin vers le monde du Mystère, cet espace féminin polythéiste, multiple, peuplé de fées, d'anges et d'ondines. La grande affaire des monothéismes sera de remplacer ces « dieux » par un Dieu unique en démythologisant la nature, en réduisant la vie biologique à la rationalité, en effaçant ses traces de magie et de poésie. L'Eau deviendra de l'eau, le Feu du feu et rien d'autre. Le patriarcat tenta d'éclipser la Grande Déesse et ses innombrables visages.

Le peuple hébreu se sentit appelé (élu) pour combler la faille, la distance, entre le mystère de l'Origine métaphysique de l'homme et la condition humaine vouée à l'errance. Il serait trop simple de réduire cette aventure à une nostalgie du ventre maternel qui envahirait périodiquement une personne confrontée aux dures réalités de l'existence. Le corps humain est le reflet de la nature profonde de l'homme. Réduire l'ontologique au biologique serait céder à un présupposé mécaniste. L'objet de ce livre est précisément de montrer que la géographie corporelle *est* l'ontologie humaine rendue visible. S'il y a une analogie entre le ventre maternel et le paradis des

---

[12] « Vous circoncirez votre cœur, vous ne raidirez plus votre cou. » (Dt. 10,16.) « Le Seigneur ton Dieu te circoncira le cœur, à toi et à ta descendance, pour que tu aimes le Seigneur ton Dieu de tout ton cœur, de tout ton être, afin que tu vives. » (Dt. 30,6.)

saints, les deux expériences sont radicalement distinctes. En s'immergeant en Dieu, la conscience du croyant se réunit à l'archétype de l'unité perdue dont le ventre féminin est la métaphore biologique.

Avec la circoncision, juifs et musulmans tentent de répondre au mystère de l'origine de l'Être. Ce rituel remonte au sacrifice du bélier par Abraham, dont le nom se traduit par « père d'une multitude ». Ce nouveau patronyme affirme la primauté de la reproduction utilitaire sur l'extase. « Abram », l'« exalté de Dieu », devint « Abraham » après avoir circoncis les mâles de sa famille. Cette opération semblait nécessaire pour tisser un lien singulier entre l'homme et son Créateur, puisqu'il devint le signe corporel de leur alliance.

> « Lorsque Abram fut âgé de quatre-vingt-dix-neuf ans, l'Éternel apparut à Abram, et lui dit : "Je suis le Dieu tout-puissant. Marche devant ma face, et sois intègre. J'établirai mon alliance entre moi et toi, et je te multiplierai à l'infini." Abram tomba sur sa face ; et Dieu lui parla, en disant : "Voici mon alliance, que je fais avec toi. Tu deviendras père d'une multitude de nations. On ne t'appellera plus Abram ; mais ton nom sera Abraham, car je te rends père d'une multitude de nations. Je te rendrai fécond à l'infini, je ferai de toi des nations ; et des rois sortiront de toi. J'établirai mon alliance entre moi et toi, et tes descendants après toi, selon leurs générations : ce sera une alliance perpétuelle, en vertu de laquelle je serai ton Dieu et celui de ta postérité après toi. Je te donnerai, et à tes descendants après toi, le pays que tu habites comme étranger, tout le pays de Canaan, en possession perpétuelle, et je serai leur Dieu." Dieu dit à Abraham : "Toi, tu garderas mon alliance, toi et tes descendants après toi, selon leurs générations. C'est ici mon alliance, que vous garderez entre moi et vous, et ta postérité après toi : tout mâle parmi vous sera circoncis. Vous vous circoncirez ; et ce sera un signe d'alliance entre moi et vous. À l'âge de huit jours, tout mâle parmi vous sera circoncis, selon vos générations, qu'il soit né dans la maison, ou qu'il soit acquis à prix d'argent de tout fils d'étranger, sans appartenir à ta race. On devra circoncire celui qui est né dans la maison et celui qui est acquis à prix d'argent ; et mon alliance sera dans votre chair une alliance perpétuelle. Un mâle incirconcis, qui n'aura pas été circoncis dans sa chair, sera

exterminé du milieu de son peuple : il aura violé mon alliance[13]. »

On ne peut plus de clarté ! Pourtant, Abraham est un personnage de la transvolution. Il fut circoncis *après* avoir vu l'Éternel, *après* avoir contacté la jouissance extatique du sacré qui le fit « tomber sur la face ». L'extase divine s'était depuis longtemps substituée au plaisir de la chair chez cet « exalté de Dieu » presque centenaire. *Le signe de l'Alliance accomplie* donnée à Abram/Abraham devint simplement la marque *du désir d'Alliance* pour ses descendants. Or, appliquer un symbole comme un appel et non comme le sceau d'une réussite est une opération à grand risque.

La découpe du prépuce qui recouvre le gland et l'excision chez la femme diminuent l'expérience du plaisir. Comme pour souligner cette négation, la Genèse introduit, juste après cette scène, la destruction de Sodome et Gomorrhe. Abraham et Sarah sont presque centenaires et l'attrait de la chair s'est éteint. Leur fils n'est pas le fruit du désir mais de la révélation. Puis l'Éternel détruisit une ville réputée pour sa sensualité en la stigmatisant sous sa face sombre de la débauche. Dieu effaça un lieu de jouissance et proposa en même temps, à ceux dont l'appétit s'est éteint, une voie de sublimation : le « Rire », la traduction d'« Isaac » en français.

Jéhovah compense la disparition du plaisir sensuel, symbolisé par l'anéantissement de Sodome et Gomorrhe, par l'avènement d'un nouveau-né : le « Rire ». La jouissance d'une pensée qui se délecte des paradoxes – qu'est-ce d'autre que le rire ? – a le mérite de relativiser les points de vue. L'humour secoue soudain le corps comme un vieux sac et enlève ses croyances poussiéreuses pour lui conférer une légèreté nouvelle. Le rire prévient la dictature de la loi qui ne voit dans le paradoxe qu'une contradiction insoutenable. Légèreté et sens de l'autodérision sont de précieux antidotes à la rigueur de la règle,

---

[13] Gn 17,1-14.

surtout lorsqu'elle est présentée comme divine, absolue et non négociable.

Chaque monothéisme tenta une sortie spécifique pour échapper à la dimension totalitaire du *monos*, de l'unique voie, qui demande la soumission à un seul archétype, une conséquence inattendue du rejet des polythéismes et de l'animisme. Les juifs par l'humour et l'autodérision, les musulmans par la jouissance mystique qui abolit les rigueurs de la soumission, et les chrétiens par le doute que le Sauveur exprima sur la croix (« Seigneur, pourquoi m'as-tu abandonné ? »).

L'humour, la jouissance et le doute, ces immenses qualités développées respectivement par les monothéismes juif, musulman et chrétien, s'affirment comme des antidotes aux effets pervers de la Loi. En échappant à sa tyrannie, le croyant ouvre son âme aux premiers feux du pur amour. Rire, c'est créer une faille dans les certitudes intellectuelles, douter aussi. Par cette fente, la tolérance véritable, celle du cœur, trouve son chemin et crée les conditions de la poursuite de l'ascension spirituelle du sujet. Quant à la jouissance, elle est le reflet le plus immédiat de l'extase amoureuse. Cette redoutable proximité engendre parfois une confusion entre plaisir extatique et plaisir érotique. Néanmoins, la tradition musulmane est particulièrement riche en mystiques et en poètes qui surent utiliser le tremplin des sens pour s'immerger dans le Grand Sens. Quant au christianisme, il a, avec le développement du protestantisme et du Siècle des lumières, généralisé l'expérience du doute, qualité qui donna plus tard naissance à la démarche scientifique[14].

Car une soumission sans humour, sans poésie et sans hésitations ressemblerait plus à un esclavage qu'à une bénédiction. L'archétype n'est créatif que s'il est pleinement accueilli dans sa nature contraire *avec son antidote*. Les

---

[14] Marshall McLuhan, Pour comprendre les médias : Les prolongements technologiques de l'homme, éditions Point Essais.

fanatiques des trois monothéismes sont précisément ceux qui sont oublieux du rire, des subtilités de la poésie et des gouffres du doute pour ne conserver que l'obéissance à la Parole. Ces qualités sont terriblement dangereuses, et donc psychiquement insupportables, pour tous ceux qui oublient de méditer la distance qui sépare l'Être de sa lettre. La circoncision a ouvert trois voies de sublimation. Le juif, qui reconnaît Abraham et Isaac comme ses ancêtres, cultive l'humour et l'autodérision. Le « Rire » est un plaisir né de la gorge, il prend le relais de l'érotisme vaginal. Le musulman, qui voit en Mahomet (« *digne de louanges* ») le Prophète qui a révélé en arabe la pureté immaculée du Livre, renoue avec la jouissance grâce à l'extraordinaire poésie mystique de sa langue[15]. Le chrétien fonde sa foi sur l'Eucharistie en absorbant symboliquement « le corps et le sang du Christ ». Il trouve son bonheur dans l'absorption du sacré par la bouche, un symbole ambigu qui posera plus tard la société de consommation comme un « bien universel ». C'est ainsi que l'usage immodéré des médicaments dans les pays catholiques pourrait s'expliquer symboliquement : l'absorption des pilules est une eucharistie du corps, exactement comme l'hostie est une eucharistie de l'âme. Dans l'imaginaire, le médicament sauve le corps de ses péchés, c'est-à-dire de ses maladies. Le remède allopathique est au corps ce que l'hostie est à l'âme. En avalant un remède, le malade « impur » répète la posture du croyant qui reconnaît à l'hostie le pouvoir de le guérir de ses péchés. L'imprégnation du symbole est telle que, malgré les démentis, patients et croyants continuent à fréquenter les officines et les églises. L'allopathie trouve dans nos sociétés une justification symbolique inconsciente, un atout que ne possèdent pas les médecines alternatives comme l'acupuncture ou les thérapies corporelles. Quoi qu'il en soit, le Rire dans le monde juif, le Langage en terre d'islam et le Goût en chrétienté ressuscitent tous l'expérience du plaisir perdu des zones érogènes. Ces trois modes de sublimation imposent un mouvement de la langue dans le palais. On ne saurait mieux imager la relation qui unit pénis et vagin dans le bol pelvien.

---

[15] Daniel Sibony, *Les trois monothéismes*, éditions du Seuil.

Humour, discours incantatoires et consommation effrénée renouent avec la jouissance, mais *à partir de la tête*, et plus précisément encore, à partir de *la langue*.

Le plaisir est-il plus risqué que l'ascétisme pour pénétrer en Dieu ? La jouissance serait-elle plus révolutionnaire que la souffrance ? D'une certaine manière, oui. Il est plus difficile de poursuivre l'ascension de la conscience lorsqu'elle s'accroche à une jouissance, que sous la pression d'une souffrance qui « l'oblige » à changer pour se remettre en chemin. En d'autres termes, le narcissisme positif est plus redoutable que la culpabilité lorsque le moment est venu d'ouvrir le « moi » à l'Immense, vers la « haute cour » du cœur.

Néanmoins, pénis et clitoris sont des zones de plaisir érotique. Alors, du corps symbolique, surgissent ces questions : Quelle est la fonction du plaisir sur les différents niveaux de réalité : sexuelle, sensuelle, psychique et spirituelle ? Et toute renaissance ne devrait-elle pas s'accompagner d'une intense jouissance ?

Nous vivons dans un monde où il est moins recommandable de nager dans le bonheur que de s'accommoder de ses souffrances et de celles de l'environnement. Un bonheur trop vif suscite parfois de la jalousie ; une souffrance trop intense appelle la charité et, dans une forme dégradée, une attitude misérabiliste. *A contrario* de ces valeurs culturelles, le corps suggère que l'entrée dans le Royaume du Mystère (le ventre) s'accompagne d'un sentiment de jouissance. Néanmoins, le jouisseur suscite moins de considération que le malade et le malheureux. Le premier est jugé « dévergondé » alors que les seconds sont perçus comme des victimes méritant honneur et attention ! Dans nos sociétés à la longue histoire monothéiste, l'Exemplaire est celui qui porte la souffrance des autres, à l'image du Crucifié, bien plus que celui qui affiche un bonheur éclatant[16]. Cette remarque est à nuancer puisque le Christ

---

[16] D'autres cultures privilégient l'extase, comme le bouddhisme par exemple.

Pentocrator, le Christ en gloire, fut l'une des grandes représentations religieuses jusqu'au XIVe siècle en Europe. Plus contemporains, les censeurs de la télévision trouvent normal d'interdire les films érotiques et d'autoriser des fictions où les meurtres sanglants s'enchaînent les uns après les autres. Ils privilégient curieusement la blessure sur la jouissance et la violence sur le plaisir, suivant en cela l'exemple du christianisme des sept derniers siècles, qui révère un homme ensanglanté ayant pris sur lui les souffrances du monde.

Pourquoi cet effort sans précédent pour propulser la conscience-énergie du pénis vers la langue et du vagin vers le palais ?

Peut-être les Hébreux avaient-ils raison. La proximité des sentiments de jouissance érotique et d'extase empêche leur différenciation[17]. Il fallait créer une distance, un éloignement de l'expérience sensuelle pour, ensuite, redécouvrir le plaisir dans sa dimension cosmogonique. Néanmoins, le risque inhérent à cette approche consiste à penser que la souffrance et l'ascèse sont des fins. Ce serait perdre de vue que le but ultime est la joie de la pure Existence. Aucun éveil spirituel ne se referme sur la pierre, la mort et la contrainte. Saints, Éveillés et Connaissants expérimentent l'immensité plénière de l'ouverture de la conscience, c'est-à-dire de la joie. Croire que le chemin passe par le respect de la Loi, de la souffrance et des techniques ascétiques durcit le corps et l'esprit, les rendant rétifs au but ultime. La question est donc subtile : l'ascèse, la rigueur et l'obéissance éloignent du but et leur contraire, la luxure, donne l'illusion d'un paradis bien terrestre.

On sait que, comparativement aux autres mammifères, l'érotisme est particulièrement développé dans l'espèce humaine. Les animaux ne copulent que pour se reproduire lorsque la saison est favorable. Chez l'homme, la totalité du

---

[17] Le tantrisme fit le pari inverse en promettant l'extase divine par une sexualité consciente.

corps s'est érotisée. *Homo Sapiens* cherche l'expérience du plaisir en dehors de la reproduction. L'être humain serait-il, de tous les mammifères, le seul à pouvoir expérimenter une plénitude totale dans tout son corps ? Serait-il le seul à recevoir Dieu dans sa chair ? C'est en tout cas la posture métaphysique qu'a choisie le christianisme.

L'autre spécificité des religions du Livre, en plus de la circoncision, est d'avoir entendu la Parole de Dieu. L'énergie-conscience, dans un effort sans précédent, se libéra du petit bassin pour s'élever vers la langue par le rire, le discours incantatoire et le plaisir des papilles. Elle s'enferma, en passant, dans une société patriarcale qui voila les vertus du féminin dont le ventre est le symbole. Elle récusa les représentations païennes et polythéistes du monde avec ses magies opératives et ses nombreux esprits au nom d'un Dieu unique qui se retira de sa Création le septième jour. La circoncision marque ce passage qui, *a contrario* de la magicienne Médée, ne créa pas de canal de communication entre le bas et le haut du corps.

Annick de Souzenelle identifie la circoncision à la taille de l'arbre afin de le « mettre à fruit ». Alors « la puissance de l'Homme passe de l'organe procréateur à celui de la parole créatrice » puis, avec la venue du mystère chrétien, « le Verbe se fit chair afin que la chair devienne verbe ». « Verbifier la chair, telle est la vocation créatrice de l'homme. La circoncision, qui est une taille de la chair au niveau de *yesod* pour la « mettre à fruit », est la loi qui y préside[18] ». Cela est particulièrement sensé dans la perspective d'une analogie entre le siège de la parole et celui de l'enfantement. Mais cette lecture laisse sous silence la question du féminin, du plaisir et de la jouissance. Elle donne la part trop belle à un Dieu-Verbe, mâle et doué de Parole. Elle efface la dimension féminine dont la Nature est le prototype silencieux.

---

[18] Annick de Souzenelle, *Le symbolisme du corps humain*, éditions Dangles, p. 136-137.

Le chantier de la joie est immense. C'est pourtant de son *dévoilement* qu'une relation plus authentique de l'être humain à sa nature profonde surgira et le libérera du complexe souffrance-travail-loi élaboré avec tant d'art depuis trois millénaires. La simple joie de vivre pourrait remplacer bien des gadgets compensatoires élaborés par les prouesses de la pensée. Elle pourrait aussi éviter bien des guerres.

Le caractère non négociable de la Parole de Dieu, Abraham en fit la difficile expérience. L'Éternel ordonna au patriarche de prendre Isaac sous le bras puis de le conduire sur le mont Moriah pour être sacrifié. En agissant ainsi, la Loi divine tente de supprimer son antidote : le Rire. Nous sommes dans une situation symbolique particulière où l'archétype dévoile sa nature contradictoire. Le Rire et la Loi s'affrontent. L'exemple d'Abraham est souvent interprété comme le symbole de la soumission absolue du croyant envers son Dieu. Dans la tradition musulmane, cet épisode nomme l'acte de foi, puisque *islam* se traduit par « soumission ». Une soumission qui impose l'abandon total de la créature au Créateur, dans une confiance absolue en la sagesse divine. Le croyant est assimilé à la figure du bélier sacrificiel. La circoncision est le rappel corporel de cela. En se soumettant au « Tout-Puissant », il renonce au plaisir né de sa puissance génésique. En échange, il reçoit le don du rire, de la poésie et de la parole créatrice. Entre-temps, le plaisir féminin, symbolisé par son système génital en forme de tête de bélier, est sacrifié.

Rappelons cette analogie frappante entre le système génital et le système laryngé, avec les lèvres en haut et les petites lèvres en bas, les « testicules » qui se traduisent par « petites têtes », la toison pubienne qui évoque la chevelure, le « baiser » dont la simple prononciation du mot marque l'ambivalence entre la communion des langues et celle des sexes, le palais-vagin et la langue-pénis, la salive d'un côté et le sperme de l'autre. Le système procréateur est analogue au système rhinopharyngé.

Nous ne pouvons donc pas passer sous silence l'analyse

symbolique de la tête du mammifère qui prend la forme du désir féminin. Son observation attentive évoque quelques pistes sur la manière d'accomplir le processus d'élévation du désir autrement que par l'interdit religieux posé sur la sexualité.

Le clitoris

Voici la deuxième « clef » du corps après les chevilles et avant les clavicules. Son étymologie la rapproche en effet du latin *clavis* (« clef ») et du grec *klein* (« fermer »). L'organe érectile se situe à la jonction supérieure des petites lèvres. Il est homologue au pénis, tant symboliquement que du point de vue biologique, puisqu'ils se développent tous deux à partir du même tissu embryonnaire.

Tourner la clef de la cheville consista à deviner son destin et à en assumer les choix. Le passage que garde le clitoris est la porte du nouveau monde, tourner cette nouvelle clef consiste à accueillir le plaisir comme prélude à l'immersion de la conscience dans le mystère de la deuxième naissance. Le corps rappelle que l'homme ne change en profondeur que s'il abandonne ses cuirasses et ses certitudes sous l'emprise de la joie profonde. Alors ses tissus deviennent suffisamment souples pour recevoir la nouvelle impulsion spirituelle. Cette souplesse est acquise, non grâce à l'ascèse, mais à l'ouverture de la chair à l'expérience de la joie.

Le terme « lèvre », par le latin *labrum*, désigne le bord d'une faille. La *faille* est ce passage obligé par où le bébé quitte l'unité avec le corps de la mère pour entrer dans le temps et la croissance biologique, psychique et spirituelle. Dès la naissance, le retour vers l'Origine devient impossible. Il faut grandir ou mourir. Le clitoris et les petites lèvres matérialisent ce passage du non-manifesté vers le monde visible. Alors le bébé entre dans l'histoire, le vieillissement, l'imperfection, l'erreur et la faute. Bref, il pénètre dans le « réel ». Les femmes portent dans leur corps la marque de cette distance qui sépare un dedans idéalisé d'un dehors chaotique où il faut grandir par deuils successifs. Est-ce pour cela que l'imaginaire monothéiste lui fit endurer le péché originel, cette première faute qui eut pour conséquence l'expulsion du genre humain hors du paradis? Trace indélébile, en effet !

Entrer dans le monde, c'est quitter l'Être et sa simplicité naturelle pour « exister » sur les routes chaotiques du devenir. L'« ex-I-stence », c'est « se tenir hors du I de la transcendance », suggère la langue euphonique des oiseaux. Le clitoris suit l'espace qui sépare le parfait de l'inachevé. Avec lui, la « faute » plane sur l'innocente beauté du premier Rêve. Le clitoris symbolique est la marque biologique de la chute hors du *paradis* originel. Et, sur le chemin du retour, il dit que la jouissance du sacré, « l'exaltation de Dieu », est la clef. L'expérience du septième ciel n'appartient-elle pas aux saints comme aux serviteurs d'Éros ?

Une valeur archétypale fondatrice est toujours ambivalente, car elle propose de vivre une chose et son contraire. Le plaisir est en même temps le signe sensible de l'approche de Dieu (l'extase) et le filet dans lequel le mouvement ascensionnel de la conscience pourrait s'enchevêtrer, voire s'immobiliser[19].

La pénétration dans la vie intérieure du ventre, dans le monde des « dieux », est donc gardée par le plaisir. Un « poison » jugé si redoutable que les monothéistes le ligaturèrent et l'atténuèrent par l'excision. Nous avons vu comment le « rire » des petites lèvres fut rituellement transféré à celui des « grandes » lèvres, notamment dans le judaïsme. En terre d'islam, la jouissance érotique fut sublimée en une jouissance *de la langue.* Dans le christianisme, l'hostie de la communion pénètre dans le corps du croyant par sa bouche. Voilà trois manières de transférer la conscience du clitoris vers la langue, son analogon du haut !

---

[19] La tradition grecque métaphorise cela par les amours charnels de Vénus (Aphrodite) avec Mars (Arès), prisonniers du filet d'acier jeté par Héphaïstos, le mari jaloux de la déesse, sur leurs corps enlacés. Ce spectacle innocent fit beaucoup rire les autres dieux de l'Olympe.

Dans la mythologie grecque, la zone génitale est mise en valeur par le personnage de Priape. Une divinité mineure puisque le centre d'attention du monde gréco-latin ne tournait pas autour de la sublimation de la sexualité, comme en témoignent les libres représentations statuaires des Vénus dénudées dans Athènes, puis dans la Rome impériale. Le dieu en érection est le protecteur des jardins. Au risque de tomber dans une psychanalyse trop facile, ce personnage évoque le lieu corporel de l'union sexuelle, un jardin où se conjuguent toison pubienne et phallus. Robert Graves traduit son nom par « Élagueur de poirier », un patronyme qui prend tout son sens si l'on observe la morphologie du clitoris. Il ressemble en effet à une poire de 8 à 10 cm de long et de 3 cm à 6 cm de large. Symboliquement, le sexe en érection de Priape « élague le poirier ». La poire était le symbole des grandes déesses du Paléolithique et, au Moyen Âge, les statues de la Vierge furent sculptées dans le bois de cet arbre. Il faut bien « élaguer le poirier » pour le « mettre à fruit ». Tel est le sens symbolique de la circoncision, si l'on suit l'interprétation proposée par Annick de Souzenelle. Pourtant, malgré la taille impressionnante de son membre érectile, Priape ne connaît pas le plaisir. Est-ce une manière de dire que le désir, si grand soit-il, est insuffisant pour atteindre le ciel de l'extase ? Il y faut l'intervention de la Loi (l'élagage, l'ascèse, la rigueur, la discipline, l'effort, le travail...). Mais la soumission à la Loi est elle-même un piège redoutable qui risque d'étouffer une autre composante fondatrice de la nature humaine : la liberté.

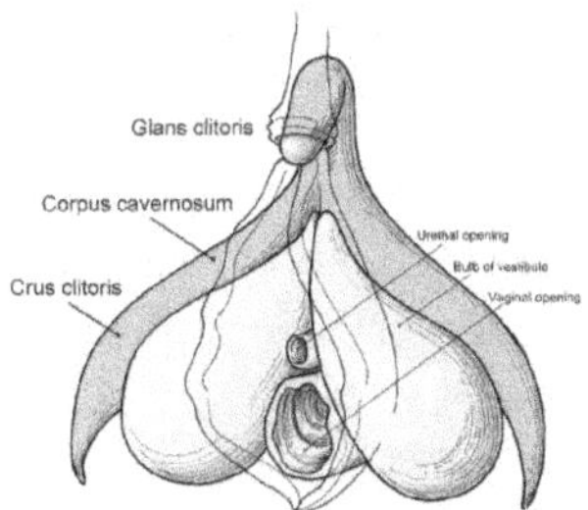

Clitoris en forme de poire. Source : bn.wikipedia.org

L'importance symbolique du clitoris est si grande que trois religions en naquirent ! Trois théologies occupées à penser la séquence « plaisir-loi-amour » afin que l'énergie-conscience de l'humanité poursuive son ascension jusqu'à l'ouverture de son cœur, jusqu'à ce qu'elle entre enfin dans une civilisation de la compassion en franchissant une nouvelle porte, celle du diaphragme. Car la Parole qui s'échappe par les lèvres du haut porte le Souffle des poumons qui entourent le cœur.

Le vagin

Au fil de ces lignes, nous avons décrit le processus d'évolution de la conscience-énergie des pieds jusqu'au bassin. Arrivée en ce point de la géographie corporelle, celle-ci rencontre, pour la première fois, une ouverture naturelle. La porte gardée par le clitoris propose une exploration nouvelle : celle de *la vie intérieure*, dans tous les sens du terme. Rassasié d'aventures chevaleresques dans le lointain, le voyageur s'apprête à entrer dans un univers nocturne, celui de la grotte vaginale. Qu'y découvre-t-il ? C'est selon sa quête et la profondeur de ses questions. Dans un premier temps, il s'agit du simple « repos du guerrier » qui jouit d'un moment de délassement entre deux combats. Mais, s'il s'y installe plus longuement, il commence à percevoir que cette grotte est un espace de déconditionnement. Dans l'abandon de l'amour, les mémoires de son passé, tissé d'aventures, se dissolvent. Devenu aussi doux que l'agneau de Médée, il s'apprête à rajeunir psychiquement au moment même où il accepte le démembrement de ses certitudes *et* la force de l'éros qui le traverse. Lorsque la relation sexuelle sort du cadre biopsychique pour s'ouvrir à l'amour partagé, l'espace vaginal devient une grotte initiatique. L'impétrant reçoit la révélation de ses valeurs essentielles. L'imaginaire mythologique associe la grotte à un espace gardé par des monstres : serpents, dragons, araignées et autres bestioles aussi effrayantes que fascinantes. Ces animaux à sang froid symbolisent les systèmes de défense les plus archaïques de la psyché. Leur rencontre, dans les rêves comme dans la vie, souligne que la personne est prête à assumer la tâche héroïque qui consiste à regarder en face les contenus les plus profonds de son inconscient, à voir les ombres tapies dans sa nuit. La rencontre avec les « monstres » reptiliens, comme la peur et la jalousie, conditionne la réussite ou l'échec du processus initiatique.

Le latin *vagina* se traduit par « fourreau », cette pièce de cuir où le chevalier range son épée. Nul ne s'étonnera que la psychanalyse freudienne fonctionne de manière si naturelle dans l'étage corporel qui s'occupe de la sexualité ! Pourtant, dans les rêves comme dans les mythes, l'épée n'est jamais vulgaire. L'arme lumineuse brandie par l'ange de la justice ou posée sur la hanche du chevalier n'est pas complice de la médiocrité, encore moins de la veulerie du soudard qui détrousse le voyageur en dégainant son poignard. *L'épée est une puissance de volonté mise au service de la justice.* C'est la lame tournoyante de Zorro qui, en un éclair, pourfend les inégalités sociales. Le couple symbolique vagin/pénis, fourreau/épée, invite à porter la puissance dans un lieu précis pour défendre des valeurs. C'est cela « avoir des couilles » dans le langage populaire. Cette action prépare la nidification de la semence, la venue d'un nouveau monde, d'un type de conscience encore inconnu qui, sur le plan biologique, sera porté par l'embryon.

La plus grande peur naît du sentiment d'inexistence, d'un contact avec le néant. La personne est-elle capable de s'ouvrir totalement au vide et de le laisser passer à travers elle, *même s'il n'y a vraiment rien au-delà* ? La peur de perdre ses accroches et, ultimement, son identité en sombrant dans la folie fait partie du processus initiatique qui métamorphose la conscience humaine. Quant à la jalousie, c'est un sentiment si profond que même le Dieu d'Abraham l'éprouve envers son peuple. Elle surgit lorsque *la préférence* est menacée, lorsque je ne suis plus l'unique aux yeux de l'autre. Alors réapparaît l'angoisse de la coupure du lien avec le paradis de l'amour. Sa question et son épreuve ? Suis-je prêt à abandonner le privilège de me sentir élu par un archétype et à être le détenteur d'une mission particulière, d'être tout pour Dieu, le Soi ou l'Autre…

tout en restant en lien avec l'archétype, avec mes valeurs essentielles ou avec la personne que j'aime ? En renonçant à être *l'Unique,* la personne s'ouvre à la richesse *infinie* de la Vie. Rien ne lui est retiré. Son rapport au monde s'élargit lorsqu'elle comprend que son étoile brille dans un ciel constellé d'autres lumières.

Franchir la fermeture d'une jalousie ouvre la conscience à des perceptions élargies. Traverser la peur accroît la densité du sentiment d'être soi.

Dans les rêves…

> « Le vagin dans le rêve d'éveil, avant d'être un organe est un lieu. Un lieu pour renaître, plus souvent peut-être lorsqu'il s'agit des scénarios produits par les femmes. Rêveurs et rêveuses, à travers les évocations vaginales, expriment presque toujours un rapport au ventre maternel. Pour se libérer, parfois, d'un traumatisme subi lors du passage natal. Plus fréquemment pour exprimer une symbolique de renaissance psychologique. »

Le corps est sans ambiguïté. Pour renaître, les efforts, les systèmes de croyances et les armes sont mis au fourreau. La vie demande au sujet de se poser en abandonnant ses armures.

Psychothérapeute ou initiatrice, la femme est la grande prêtresse de la grotte, ce vestibule du monde du mystère. Ce n'est pas un hasard si, dans les rêves éveillés, l'inconscient associe le vagin à l'égout, la tombe et l'église… autant de passages obligés pour réussir une métamorphose. Nettoyer les mémoires glauques du passé (l'égout) et traverser la mort (la tombe) ouvrent la conscience à la transcendance (l'église). Car, au plus profond de cette cavité, la femme détient une information secrète : celle du dharma, celle de la mission spirituelle de chaque être humain (*cf. infra,* les ovaires).

De ce lieu de passage, il faut un jour partir. Les spermatozoïdes franchissent le col de l'utérus et migrent jusqu'aux trompes de Fallope, les cornes du bélier génital.

Les trompes de Fallope

Les trompes relient les ovaires à l'utérus. À leurs extrémités, les pavillons reçoivent les ovocytes expulsés par les ovaires. Notons que les termes « pavillons » et « trompes » appartiennent également au vocabulaire de l'oreille.

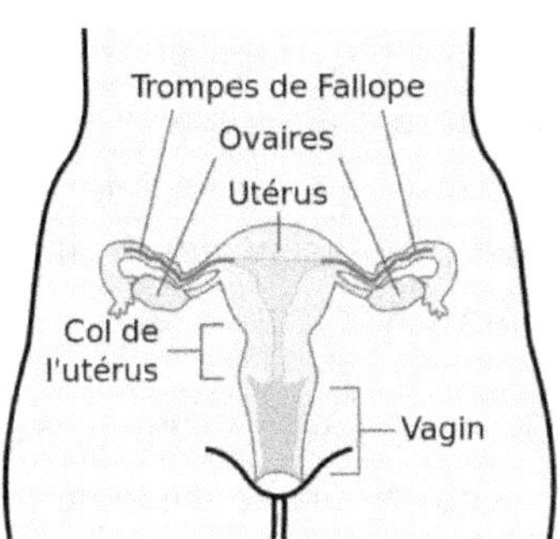

Trompes, ovaires et utérus
Source : Commons.Wikimedia.org.
Auteur : Mysid

Les spermatozoïdes et l'ovocyte se rencontrent donc dans les trompes. La fécondation se produit au creux de l'ampoule, une sorte de renflement de la trompe. L'œuf ira ensuite nidifier dans l'utérus. Nous avons donc une « ampoule » rectale pour la fin des choses et une autre, dans les trompes, pour leur commencement.

Les trompes de Fallope[20] sont des cornes d'abondance qui déversent des œufs remplis d'informations génétiques. On se souvient comment Rhéa substitua son dernier-né à la gloutonnerie de Cronos, son mari. Elle emmaillota une pierre à la place du petit Zeus. Son père l'avala d'un trait et l'engloutit dans son vaste ventre, en compagnie de ses autres enfants déjà ingurgités. Mais que faire de ce bébé sauvé du ventre du père ? Après réflexion, l'Olympienne le confia à la chèvre Amalthée (« tendresse ») qui reçut l'ordre de le nourrir de lait, aidée par quelques abeilles pour leur miel. Un jour, la nourrice cassa

---

[20] Que la langue des oiseaux traduit par « F all ope » : « un feu (F) plein (all) d'espoir (hope) » et son contraire « Fall hope », la perte de l'espoir. Ces idées contraires illustrent assez bien les enjeux de la fécondation.

l'une de ses cornes. Contre toute attente, elle l'entoura d'herbes fraîches, la remplit de fruits et la présenta aux lèvres du petit Zeus. La corne d'abondance était née.

Que sont ces fruits déversés par la corne détachée du front d'Amalthée, si ce n'est des œufs arrivés à maturité ? L'inépuisable corne de la chèvre produit des fruits et des fleurs pour le jeune dieu entouré d'abeilles ! Voilà une belle image de *la fécondité, de la créativité et de la joie*[21]. Corne d'Amalthée et trompes de Fallope produisent des fruits mûrs et gardent le secret de tous les commencements.

Le mythe précise que la source de l'abondance est *sur la tête* d'Amalthée, une tête qui figure le système génital féminin. Ici, le buste de la chèvre est préféré à celui du bélier. Peut-être parce que nous sommes très loin de l'acte sacrificiel. La profusion créatrice des cornes de Fallope sert la vie en produisant des objets, des théories et des projets qui accompagnent le dévoilement et le déploiement des forces « métaphysiques » symbolisées par la chèvre, et rendues accessibles grâce au sacrifice du bélier.

Sous son aspect ombre, la chèvre devint la figure du « Grand Bouc » et les cornes l'image du serpent. Le Tentateur, que les reproductions du Moyen Âge présentent comme un personnage cornu au visage triangulaire et à la langue fourchue, est aussi le serpent de l'Éden dont le discours séduisit la première femme. Le refoulement de la sexualité et du contact direct avec le plaisir féminin conduisit l'inconscient collectif à diaboliser cette zone corporelle. Les *trompes* de Fallope devinrent les cornes du diable, une entité réputée pour sa *tromperie* et sa capacité à multiplier *les désirs* au risque d'une *fécondité créatrice* qui va contre la vie. L'anglais « *devil* » s'écrit en

---

[21] « Joie » vient de la racine indo-européenne jug (« lien »), qui a aussi donné les termes joug et yoga. Le « lien » pourra être le signe de l'esclave sous le joug comme celui du mystique uni à Dieu. L'histoire du sacrifice d'Abraham explore longuement ce thème. Positivement, la joie est le signe psychologique de l'union, la première d'entre elle étant la fécondation. Ajoutons que le mot « joie » donna naissance à la planète « jovienne », c'est-à-dire Jupiter, le nom latin de Zeus.

inversant le sens de lecture du mot « *lived* », le « vivant » !
Tout se passe comme si le refoulement du vivant en soi et dans
la Nature avait produit cet étrange personnage qu'est le diable.
Il est la conséquence d'un clivage entre la tête « du haut », qui
fonctionne pour elle-même en vue de sa propre jouissance
intellectuelle, et la création biologique « du bas », maintenue
sous le contrôle de la loi morale et religieuse. N'appelle-t-on
pas encore cet être imaginaire le « Malin », une intelligence qui
va contre la vie ? Le diable surgit en même temps que la
séparation du plaisir d'avec le sacré, de l'intelligence d'avec la
gratitude envers le vivant, de la production en nombre d'avec le
sens. Et, depuis ce triple clivage, il prospère.

Scientifiques, techniciens et penseurs – tous ces malins –
devraient se demander s'ils servent la Vie ou s'ils la
manipulent. Ces arts multiplient-ils à l'infini la beauté, les
échanges, les perceptions sensibles de l'environnement, la
conscience de soi, la rationalité, le dialogue des contraires, les
processus de métamorphose, les significations, la
compréhension des structures essentielles du réel, l'élan vers le
progrès et l'expansion de la compassion ? Ou repoussent-ils
toujours un peu plus loin l'espace où se déploient le vivant, la
Nature et les espèces[22] ?

Les profusions créatrices issues *seulement* de la tête, tout
comme celles qui seraient *uniquement* nées ventre conduisent
vers de dangereux déséquilibres. Deux écueils guettent notre
civilisation fondée sur le couple production/consommation,
système génital/ventre : la réification de l'être humain par une
technologie intelligente et une surpopulation dévoreuse de
ressources naturelles. *Le clivage entre l'intelligence et la vie ne
sera pas compensé par une course de vitesse* — plus de
technologie pour produire plus de nourriture — *tant que les
êtres animés et inanimés de l'univers continueront à être
considérés comme des choses.* Le symbolisme du corps humain

---

[22] Nous avons développé ces questions en explorant le mythe d'Icare et de Dédale dans
Icare, la passion du soleil, éditions de Janus.

est sans ambiguïté lorsqu'il place la tête dans le ventre : il demande à la pensée de servir la Vie selon ses propres lois. C'est, par exemple, la distance qui sépare le jardinage biodynamique de l'agriculture intensive. Les premiers coopèrent avec les énergies cosmiques et telluriques pour produire des fruits et des légumes chargés en « vitalité » ; les autres usent de la pensée rationnelle et des outils techniques – informatique, tracteurs et pesticides – pour produire des aliments dont la qualité se mesure en taux de protéines et en quantité de vitamines. Mais ce sont déjà des objets morts.

En d'autres termes, il ne s'agit pas seulement de penser la nature, il faut aussi *l'écouter et la sentir pour coopérer à son évolution selon ses propres lois*. Les chasseurs-cueilleurs, les pisteurs et autres acteurs des sociétés premières savaient rester en harmonie avec leur environnement. Par contre, ils ignoraient comment penser le monde, une innovation du siècle de Périclès dont nous sommes les héritiers. Il nous reste à accomplir cette immense œuvre de liaison : user des prouesses de la raison pour accompagner l'évolution des autres règnes de la nature, et non pour les dominer et les asservir comme c'est le cas aujourd'hui.

Écouter le langage symbolique du vivant et absorber le miel du monde du Mystère, voilà les deux aliments-vie qui prémunissent le penseur de la réification et du cauchemar technologique que nous prépare, par exemple, le transhumanisme, ce nouveau visage du mythe de Faust.

C'est pourquoi « pavillon » et « trompe » appartiennent au vocabulaire de l'oreille. La partie externe de l'organe de l'audition et les trompes d'Eustache sont analogues aux pavillons qui reçoivent l'ovocyte et aux trompes de Fallope. Quant à la tête du bélier, elle confirme cette analogie puisque ses oreilles dessinent le substitut zoomorphique des pavillons de l'appareil génital féminin. Ajoutons à cela que la figure de l'abeille, symboliquement présente dans la « cire » des oreilles, est reliée à la corne d'abondance qui nourrit le petit dieu dont le nom porte le vocable de la joie : Jupiter/Zeus. L'importance de l'insecte pour la fructification n'a jamais été aussi visible qu'aujourd'hui, alors que ces pollinisateurs disparaissent en masse et que nous vivons dans un monde oublieux de la joie.

Que se passe-t-il lorsque le pavillon reçoit l'ovocyte ? Celui-ci descend dans l'ampoule des trompes où il rejoint, s'il y a lieu, les spermatozoïdes. Chacun effectue un bout de chemin vers l'autre. Avant d'explorer le sens de cette rencontre, faisons un détour par le symbolisme des ovaires. Ils fournissent la moitié de l'information génétique dont disposera le fœtus, mais de quelle information *symbolique* s'agit-il ?

Les ovaires
Le terme « ovaire » provient de la racine latine *ovum*, qui désigne un « œuf ».

Les mythes de création proposent deux scénarii pour décrire la genèse du monde. Soit l'univers émerge d'un chaos suivi d'une séparation des eaux, comme dans le texte biblique ; soit il éclot à partir d'un œuf cosmique, comme dans la tradition orphique et dans le récit hindou où il naît de l'œuf de Brahmâ, le dieu créateur qui chevauche une oie. Dans la tradition égyptienne, Amon, le *Caché*, la Vie qui imprègne toute chose, était représenté par un bélier *et* une oie. Si le buste de l'ovin rappelle les contours du système génital féminin, l'oie se spécialise dans l'œuf produit par l'ovaire, l'ovule. « Oie » dérive du latin *avis*, « oiseau », l'esprit d'élévation qui sort de l'œuf brisé.

L'oie ordinaire est une redoutable gardienne. Son autorité ne fait aucun doute pour celui qui, un jour, l'a côtoyée. L'intransigeance de la loi est là pour maintenir la justice. Mais de quelle justice s'agit-il ?

Les Grecs révéraient une déesse qui veillait à ce que les hommes ne tombent pas dans la démesure en se prenant pour des dieux : Némésis. Son nom signifie à la fois « comportement convenable » et « vengeance divine ». Quant à son animal emblématique, c'est bien sûr l'oie. Fille de la « Nuit » ou de la « Justice », selon les versions du mythe, la déesse est l'ennemie de tous les excès, sa main tombe sur ceux qui osent des réalisations dépassant leurs réelles capacités. Némésis-Oie personnifie « l'amère loi » qui maintient l'homme dans le juste cadre de sa mission spirituelle sur la terre.

Qu'elle soit issue de la Nuit ou, dans la tradition égyptienne, l'emblème du dieu caché, la figure de l'oie appartient au monde du Mystère. Un monde dont nous ignorons encore beaucoup de choses. Car notre science est un savoir masculin qui explore le monde du jour, composé d'objets et d'ondes. Elle est terriblement mal outillée pour comprendre l'univers de la nuit avec ses archétypes, ses rêves et ses forces métaphysiques.

Sophistiquer des systèmes de représentations du monde en approfondissant la science, la philosophie ou même l'ésotérisme ne répond qu'à moitié aux questions *humaines*. Car ces activités, typiquement masculines, élaborent de jolies bulles de sens séparées de la Nuit, protégées du Mystère du Monde, puisque c'est exactement leur désir secret. Le Mystère dont le féminin est le gardien a sa logique et son programme de soixante-trois cases, comme le rappelle le tablier du jeu de la mère l'Oie. Ceux qui voudraient simplement connaître leur destin au lieu de l'accomplir sont remis à leur place par la grande déesse Némésis, la gardienne de l'amère loi, celle du dharma du sujet. Ici, il n'est plus question de rester spectateur du réel. Il s'agit d'en devenir un « pion » agi au gré des « hasards » des lancers de dés, c'est-à-dire de la loi de Némésis née de la Nuit.

Les soixante-trois cases du jeu de la mère l'Oie commencent avec le dessin d'un homme, puis d'une femme, pour se terminer sur la case du paradis. Entre-temps, les joueurs traversent un pont, descendent dans un puits, connaissent la prison et la mort. Ces étapes tracent à grands traits le parcours d'une existence humaine. Des plumes d'oie, figurées toutes les neuf cases, jouent sur l'euphonie entre « œuf », « neuf » et « 9 », sur la numérologie (la fin d'un cycle décimal), sur l'astrologie (le retour des nœuds lunaires[23] et sur la biologie humaine (les neuf mois de grossesse). L'ovaire contient un programme de vie, exactement comme le jeu de l'oie décrit un destin individuel déployé en spirale vers l'intérieur, jusqu'au paradis, sa dernière case. Qu'est-ce que le destin ? Simplement, faire ce pour quoi l'on est fait. Une roue est faite pour rouler, un bateau pour naviguer, un vase pour contenir des liquides. Et vous ?

L'écoute du destin : tel pourrait être le sens symbolique des ovaires qui déversent leurs ovocytes dans le pavillon des trompes. « Oie » a par ailleurs la même racine étymologique qu'« ouïr ». Et, parfois, la « dame oiselle » a bien besoin d'oreille et de patience pour écouter son jars… jargonner si loin des valeurs de son âme ! L'analogie entre oreilles et ovaires est accentuée par la présence de la forme spiralée tournée vers l'intérieur, commune au tablier du jeu de l'oie et à l'oreille interne. Nous avons déjà noté que la figure du bélier accentue cette lecture puisque les ovaires du système génital féminin se placent exactement sur les oreilles de l'ovin.

La femme porte dans ses ovaires la loi du monde magique, un univers peuplé de fées, de dieux et de signes. Elle conserve dans son imaginaire la figure du Prince charmant, ce représentant du Soi. Quant à l'homme, il donne à l'ovocyte l'information contenue dans sa semence, précisément produite par ses « petites têtes », les testicules. L'œuf reçoit à parts égales les germes de deux savoirs, celui du sens de son destin et celui de la pensée. Deux connaissances qui permettront plus tard au sujet, lorsque nous explorerons le symbolisme de la gorge, de s'accomplir *en même temps* par la loi des choses *et* dans la loi du sacré.

---

[23] Sans entrer dans les détails, ici disons que le jeu de l'oie est organisé autour du chiffre neuf : 63 = 7*9 ; les deux séries de cases impaires composées de 7 nombres, séparées de 9 unités, l'apparition d'une plume d'oie toutes les neuf cases. En neuf ans, la position des nœuds lunaires est inversée sur le zodiaque. Le nœud sud (karma) vient se placer sur le nœud nord natal (dharma). En astrologie, cet axe parle de la maturation personnelle et spirituelle.

Le féminin veille donc à l'accomplissement du destin, de la loi secrète qui préside à l'élévation des êtres humains, à l'envol de leurs âmes. C'est pourquoi la femme qui s'identifie à Némésis est une *merveille*, une *mère qui veille* à l'accomplissement de la loi divine. Le masculin s'occupe de la loi des objets, même si ceux-ci sont métaphysiques. Leur rencontre produit une autre merveille : un nouveau-né doté d'une âme et d'un corps qui marie ainsi l'invisible avec le visible.

À l'époque de la cheville et du jeu des osselets, la personne *devinait* son destin. Avec la fécondation, elle *devient* son destin : c'est cela sa seconde naissance.

L'oie, l'oiseau, l'oiselle, la demoiselle, la « d'âme-oiselle » et les d'« âme-oiseaux » : tous ces termes furent élaborés pour décrire une féminité vierge de toute imprégnation par un principe mâle, c'est-à-dire un ovule non fécondé. L'oie blanche véhicule une idée de pureté et de naïveté, l'oiseau vit dans l'azur et s'identifie à la figure de l'ange, demoiselles et damoiseaux ne connaissent pas encore l'autre sexe. Un jour, Némésis attira l'attention de Zeus… et ce fut la fin de sa blanche innocence.

Némésis, par Albrecht Dürer
Source : Common Wikimedia.org

La fécondation

Dans un premier temps, la déesse ne l'entendit pas de cette oreille. Pour échapper aux poursuites du grand Olympien, elle se transforma en oie. Mais le prétendant répliqua en se métamorphosant en cygne. Finalement vaincue, l'oiselle pondit deux œufs. Deux paires de jumeaux en naquirent : Hélène et Clytemnestre dans un œuf, Castor et Pollux dans l'autre.

L'éclosion de l'âme-personnalité est mise en scène par la naissance de ces quatre enfants. Deux scénarii sont envisagés. Un couple de jumeaux évoque la descente de l'énergie-conscience (Hélène et Clytemnestre) et l'autre sa remontée (Castor et Pollux). En effet, les amours d'Hélène avec Pâris entraînèrent la terrible guerre de Troie. Quant à Clytemnestre, elle égorgea son époux. Ces histoires racontent des processus de séparation et de discorde. Au contraire, Castor le mortel et Pollux l'immortel furent révérés pour leur amour fraternel. Ils donneront leurs noms aux deux principales étoiles de la constellation des Gémeaux, les jumeaux du zodiaque. Castor et Pollux s'aimaient tant qu'ils ne se quittaient jamais. Ils participèrent ensemble à de nombreuses aventures légendaires, dont la conquête de la fameuse Toison d'or. Un jour, Castor fut mortellement blessé au cours d'une bataille et son âme descendit dans le Monde souterrain. Pollux, l'immortel, ne s'en remit pas. Le cœur serré par la tristesse, il demanda audience à Zeus pour solliciter une faveur exceptionnelle. Il lui affirma être prêt à prendre la place de son frère dans l'Hadès, un jour sur deux, afin que Castor puisse profiter à mi-temps des délices de la vie olympienne. Zeus accepta aussitôt un si noble geste.

La nostalgie de l'âme sœur est un thème récurrent de la psychologie du signe des Gémeaux. Plus tard, lorsque l'image extérieure sera devenue une conscience intérieure, la personne apprendra à relier le « paradis » avec l'« enfer », à devenir un lien vivant qui témoigne des deux mondes, du plus lumineux comme du plus sombre, grâce à une qualité d'amour qui honore les contraires, sans jamais les transformer en champ de bataille comme dans l'involution. Telle est la fonction des Gémeaux et de leurs contreparties corporelles : les ovaires. Le coccyx invitait à penser les contraires, les ovaires invitent à les aimer. En termes psychologiques, la conscience des personnes nées sous ce signe zodiacal alterne entre des expériences de surconscience, ou simplement de bien-être léger et vibrant, avec des plongées dans les affres de la dépression et du doute. Ces allers-retours incessants forment la psyché. Ils créent un mouvement vital qui réunit la pureté de l'idéal avec les contraintes de la réalité, l'Oie blanche avec la brisure de son œuf, l'âme avec la personnalité, le « bien » avec le « mal », la lumière avec l'ombre. Bref, toutes les oppositions sans lesquelles la conscience humaine ne saurait ni s'épanouir ni s'approfondir.

L'ambivalence de la gémellité a donc son siège dans les ovaires, ces œufs corporels qui rêvent d'unité et sont appelés à être brisés ! Le premier couple de jumeaux vécut la brisure comme une séparation, le second comme un moyen d'approfondir leur unité. Dans l'involution, les jumeaux sont conflictuels. Les mythes explorent les conséquences d'une ressemblance qui est une concurrence. Meurtre et sens du conflit surgissent pour effacer une proximité devenue insupportable. Il n'est pas question d'adopter ici une posture morale puisqu'il s'agit d'un schéma mythologique. De grands empires (Rome, l'Égypte) et de grandes religions (les trois monothéismes) furent fondés sur le meurtre du frère. Lorsque les jumeaux sont conflictuels plutôt que fraternels – seule l'ouverture du cœur fait la différence –, l'un des deux personnifie la lumière et l'autre l'ombre. Quand Romulus et Remus fondèrent la ville de Rome, ils se querellèrent sur l'emplacement de la future cité. Ce désaccord se dégrada en bagarre et Romulus tua son frère Remus. Ce combat entre deux instances psychiques, s'il n'est pas reconnu par une conscience libre et aimante, conduit à des conflits sans fin dans le monde réel. Notamment avec les plus proches, frères et sœurs, juifs et musulmans : partout où l'ennemi est un autre né d'une même matrice. Parfois, au sein d'une famille, un frère porte l'ombre du clan. Il prend en charge les mémoires transgénérationnelles de ses ancêtres. L'autre en est d'autant allégé.

Lorsque l'énergie-conscience atteint les ovaires ou les testicules, le sujet devrait se souvenir que l'autre (l'homme, la femme, l'étranger, le croyant, le mécréant, le lumineux, le sombre, le pacifiste, le violent…) est né de la même matrice que lui-même. Que l'« ennemi à combattre » est sa part manquante. Celui qui reconnaît cela s'efforce de combler son manque d'être. Mais pas dans une tentative de fusion amoureuse suivie de la haine qui repousse, comme dans le processus de la descente. Il sait à présent que la fusion le conduirait vers une forme de totalitarisme, car l'unité réussie interdit à jamais l'affirmation des différences. Il s'agit plutôt d'organiser une circulation entre les contraires, de devenir un lieu de passage qui reconnaît *la nécessité ontologique* du sombre *et* du lumineux, du pacifiste *et* du violent, du « sain » *et* du « malsain », de Satan *et* du Christ, de la liberté *et* du destin. L'être humain n'est ni un ange ni un démon, sa fonction consiste à intégrer ces contraires afin que sa conscience s'approfondisse, mûrisse et fructifie dans la corne d'abondance.

Les archétypes (« dieux », « surconscient », « énergies », comme on voudra…) ne sont ni bons ni mauvais. Ils sont « bons » *et* « mauvais », forces de création *et* puissances de destruction, lumières *et* ombres. Leurs effets dépendent des capacités du sujet à les métaboliser et à les transmettre à travers ses œuvres. Œuvres de chair dans la descente, œuvres de l'esprit dans la remontée. En se souvenant qu'une œuvre de chair peut aussi être une œuvre née de l'Esprit. Et enfin l'Esprit qui se fait chair lors de la transvolution.

Les ovaires symboliques organisent la rencontre des contraires. Le corps expulse successivement un ovule à droite puis un ovule à gauche au *tempo* des cycles lunaires. Ce qui importe n'est ni l'extinction mystique dans un « Ciel » paradisiaque ni l'anéantissement dans le vide de l'abîme, mais la souplesse d'accueillir l'un et l'autre comme des réalités vivantes par attouchements successifs et progressifs. Alors un jour, presque à son insu, la personnalité se découvrira totalement renouvelée. En elle s'accomplira le mariage de l'animal et du divin. Cette union produira un fruit qui porte un nom : l'homme de la seconde naissance.

L'œuf protège le germe. Mais, un jour, la coquille doit être brisée. Alors le sujet sera digne d'*ovation* ! À l'origine, l'« ovation » (de *ovis*, « brebis ») était le nom donné à la cérémonie organisée en l'honneur d'un général romain victorieux. Cette fête s'accompagnait du sacrifice d'une brebis. La victoire de la « civilisation » sur les « barbares », de la lumière de la conscience sur les instincts, n'est plus aujourd'hui une affaire collective, pourtant son symbolisme demeure au centre des préoccupations de chaque individu.

Ovis/*avis*, la « brebis » et l'« oiseau » ! Une simple voyelle les distingue ! Et le *bélier ailé* qui donna sa Toison d'or à Jason en offre une remarquable synthèse biomythologique. Dans le système génital féminin, analogue au buste du bélier, les ovaires symbolisent ce moment d'élévation de l'âme grâce au sacrifice du bélier (*cf. supra*).

L'œuf ailé est certainement le symbole le plus approprié pour représenter la seconde naissance. Il propose l'acceptation de la faille, l'expérience intime de la brisure et le sacrifice du démembrement pour l'envol de l'âme. Nous sommes bien chez « elle » dont la graphie et les sonorités proposent un rappel des deux œufs (e) ovariens soutenus par deux ailes (l) pour leur élévation vers la lumière, vers « lui » qui emprunte étrangement le vocable de la clarté. Mais une clarté prématurée, trop objectivante et rationalisante, risquerait de faire avorter l'intelligence vivante de la nouvelle naissance. Car, nous le savons, les spermatozoïdes issus des « petites têtes » donnent l'information objective siégeant dans le cerveau ; l'ovule contient le programme de la destinée de l'être. La réalisation spirituelle se produit lorsque ces « lois » se rencontrent, lorsque la conscience objective se laisse féconder par le destin de l'âme. Longtemps, ces deux instances s'ignorèrent ou se combattirent, comme les jumeaux des mythes. Le moi intellectuel issu de la « grosse tête » élabore des systèmes de représentation à propos de tout et de tous. C'est un spectateur qui ignore l'expérience directe de la Vie, qui récuse par exemple les capacités d'autoguérison du corps et les phénomènes de synchronicité. Le Soi, son jumeau immortel, se retire alors progressivement, se contentant de protéger les organes biologiques mis en danger par les croyances du moi, le jumeau mortel. La seconde naissance est le fruit d'une rencontre entre ces deux « moi », entre ces deux lois. Lorsque le sens du destin féconde la pensée, la représentation du monde change radicalement, puis le corps se modifie à son tour.

L'utérus

Six jours après la fécondation, l'œuf s'installe dans la cavité utérine. La membrane qui l'entoure se rompt et ses cellules entrent en contact avec la muqueuse utérine, l'endomètre. Elles s'y incrustent en profondeur et établissent avec l'organisme maternel les échanges nécessaires au développement de l'embryon. La greffe réussit grâce à l'action antirejet du trophoblaste qui masque les antigènes embryonnaires. Sans cela, l'embryon serait perçu comme un corps étranger et rejeté par le système immunitaire maternel.

Plusieurs signifiés apparaissent : la peur du rejet, l'importance de l'accueil du corps et de la psyché de la mère, la manière d'habiter une « maison », le développement du « moi » au creux d'un espace protégé des agressions du monde extérieur.

Une pathologie de l'utérus questionne la relation à la mère et au besoin de sécurité, la peur d'être jugé puis rejeté au sein de la famille ou de la société. D'une manière générale, l'être se sent soit étouffé par trop de sollicitudes, soit en danger dans un environnement rugueux. Dans le premier cas, l'endomètre maternel étouffe l'embryon ; dans le second, il refuse de se laisser coloniser par un corps « étranger ».

L'utérus, qui se traduit par « matrice », est un espace d'accueil, un lieu où l'embryon, qui possède la double information de son destin et des lois du monde, se pose pour s'enraciner et se déployer. C'est un espace d'ancrage, une assise, un point de certitudes et de sécurité à partir duquel il va croître. À l'étape « utérus », le moment est venu de poser sa conscience en soi-même.

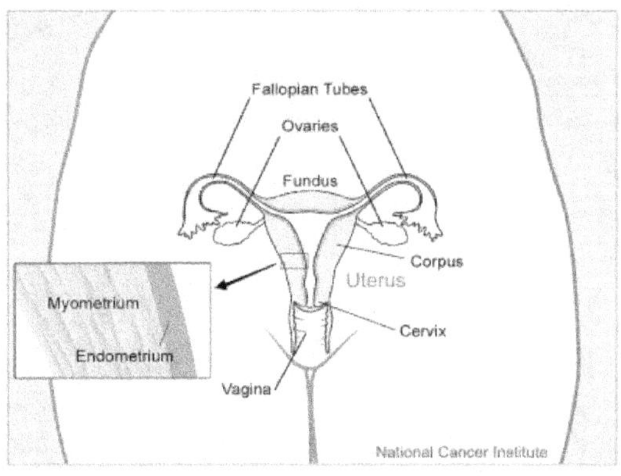

Utérus (National Cancer Institute)

Lorsque cela est trop difficile apparaît l'« hystérie », du vocable grec *hustera*, qui a donné le terme « utérus ». Hyppocrate pensait qu'il s'agissait d'un trouble féminin provoqué par un déplacement de l'utérus. Quant à saint Augustin, il pensait que l'hystérie venait de l'envahissement de l'organisme par des démons. Tout le Moyen Âge crut que Lucifer tempêtait dans le corps de l'hystérique qui avait passé un pacte avec le diable. Des milliers de femmes furent envoyées au bûcher pour cette raison. Ces crises peuvent entraîner de la cécité, du mutisme, des crises nerveuses et des paralysies non fondées organiquement. L'hystérique est celle qui ne s'est pas posée en elle-même, dont la conscience-énergie circule dans son organisme à son corps défendant. Le symptôme qui se déplace dans le corps invite le sujet à trouver sa place alors qu'il a le sentiment de ne jamais avoir été accueilli nulle part, notamment dans sa famille.

Le corps masculin ne possède ni vagin ni utérus. C'est peut-être pourquoi les hommes ont besoin de passer du temps dans leurs voitures, dans des bars ou dans un atelier : autant de substituts symboliques à cette grotte intime manquante. Le mâle cherche en son extérieur à reproduire l'espace clos qui précéda le moment de sa mise au monde, la femme porte déjà cet espace dans son ventre. L'ascète dans sa grotte et le bricoleur dans son garage sont des hommes en « travail » pour leur « délivrance ».

Le processus symbolique pour réaliser la seconde naissance semble donc être le suivant :

- Sacrifier le bélier : entrer dans la non-pensée jusqu'à ce que transparaisse, dans la conscience, le mystère caché de l'origine. L'expérience intérieure du vide favorise l'émergence d'une force nouvelle, d'un feu bouillonnant dans le corps.

- Accueillir la joie qui surgit dans les cellules (clitoris).

- Ressurgissent alors la peur de l'inexistence et la crainte de perdre le lien qui réunit le sujet à l'archétype. Cette « nuit noire de l'âme » est traversée par un nouvel abandon, lorsque toutes les armes et armures sont enfin déposées (vagin).

- Alors s'éveillent de nouvelles pensées, des élans de créativité aussi souples et joyeux que la vie elle-même, car le sujet sait maintenant écouter profondément les besoins du vivant (trompes de Fallope).

- Il écoute aussi son destin et devient conscient de la loi de son dharma (les ovaires).

- Cette « mission spirituelle », il cherche à la vivre dans le monde. Il est conscient de la difficulté et de la nécessité de redescendre dans la « vallée des larmes » afin de réunir l'ombre avec la lumière, le nouveau avec l'ancien (fécondation).

-   Périodiquement, le sujet revient vers son nid, il pose sa conscience en lui-même pour renouer avec sa source (l'utérus).

Le moment est alors venu de quitter le chaudron merveilleux et son contenu pour questionner la seule partie exposée du ventre : le nombril, là où le « nom brille ».

Synthèse, le système génital

Si le petit bassin décrit *le programme* d'épanouissement de la personne, sa mise en œuvre est codée par son contenu : **le système génital.** Il explore *les voies* du « sacre de l'homme ». Le système de reproduction est une image biologique inversée du système laryngé : le processus de création par le Verbe est analogue au processus de procréation par le ventre. Cette analogie entre système laryngé et système sexuel devrait rester en mémoire pour comprendre le symbolisme de la sexualité.

> **Le sexe *féminin*** « fait mine un ». Il « imite la forme de l'unité » et maintient la promesse du retour vers l'Origine. Le petit bassin contient la tête du bélier dont le sacrifice promet la résurrection (Médée, Jésus). La tradition juive évoque le sacrifice d'Isaac et le thème de la soumission absolue du sujet à son destin ; il renonce aux fausses ambitions et aux résistances qui empêchèrent pendant longtemps la libre circulation de la Vie dans sa vie.

> **Le sexe *masculin*** est « le premier (AS) à aimer (M) la lumière (CUL) intérieure (IN) ». Il invite à aimer la Présence du Mystère, métaphorisée par le sexe féminin. Tous deux proposent de quitter le monde des conquêtes, symbolisé par les membres inférieurs.

La circoncision enlève le voile qui recouvre le lieu d'où jaillit la semence. Cette opération représente un effort symbolique sans précédent dans l'histoire de l'humanité, afin que la conscience-énergie passe du sexe à la gorge à l'aide d'un dialogue entre trois éléments : le désir qui donne l'impulsion, la loi qui la canalise et l'amour qui crée du lien. La difficulté est telle qu'il fallut trois monothéismes pour les penser, toujours imparfaitement en raison de leurs différences, car le désir seul conduit à la lascivité, mais son absence est mort de l'âme ; la loi favorise la soumission à l'archétype (la foi) mais inhibe la liberté ; l'amour, tant qu'il ne provient pas du cœur, risque à son tour de « justifier » les dérives des deux premiers en affirmant un relativisme qui flirte avec le nihilisme. Le rire, la poésie et les œuvres sont trois antidotes aux excès de la loi, de la foi et du relativisme. Mais le pari est risqué. Le Parchemin Magnifique propose une autre approche qui respecte la spécificité du monde féminin puisque l'anatomie féminine dessine le buste du bélier et maintient le souvenir des étapes à franchir pour revenir vers l'Origine.

Le clitoris rappelle que la joie est la condition première pour entrer en Dieu, l'équivalent chez l'homme étant le phallus (« qui aime (*phal*) la lumière (*lus*) »). Sur le plan psychologique, une pathologie du clitoris invite à un questionnement sur la fonction du plaisir dans la vie de la patiente. Cela devrait être, au moins autant que l'effort, un moteur essentiel de son évolution intérieure. Toujours sur le plan pathologique, les petites lèvres renvoient au sentiment de culpabilité, puisqu'elles marquent la faille entre le parfait et l'inachevé.

Le vagin, par « V-agni », concentre (V) le feu (*agnis*). Le latin *agni*s désigne également l'agneau. Il s'agit du lieu du sacrifice. Sacrifice des armures et autres systèmes de défense pour se laisser féconder par le feu de l'Esprit dans l'acceptation du vide. Sur le plan psychologique, une pathologie du vagin suggère la crainte d'un changement dans son existence, la transition redoutée d'une manière d'être vers une autre, le passage brutal d'une « maison mère » vers un ailleurs jugé inhospitalier. Peur et Jalousie sont les deux dragons qui sommeillent au fond de la grotte initiatique de la renaissance. Seule l'épée de la justice pourra les terrasser. Seul celui qui a le courage de servir une loi plus grande que la sienne traversera les épreuves de l'initiation.

Les trompes de Fallope sont analogues à la corne d'abondance. D'elles s'échappe une profusion créatrice utile à la vie et à la joie du jeune Zeus. Côté ombre, elles adoptent les attributs du diable. Les trompes interrogent : la créativité de la personne est-elle au service du vivant ou, au contraire, est-ce une entreprise qui augmente la mort et la destruction dans son environnement ? Elles invitent *à écouter* les besoins de la Nature.

Les ovaires sont des espaces où se réunissent deux réalités antinomiques. « O V aire » est en effet « l'espace (aire) où s'associent la focalisation vers un point (V) et la conscience du Tout (O) ». Lorsque la précision du détail s'associe à une conscience des lois métaphysiques, l'œuvre a toutes ses chances d'être féconde. Ceci n'est possible que si la conscience apprend à circuler librement entre les contraires : le vrai et le faux, l'ombre et la lumière, dieu et diable. Sur le plan psychologique, une pathologie des ovaires renvoie à des questions d'éthique et à la crainte d'avoir mal agi. Suis-je en accord avec mon destin ? L'ai-je suffisamment écouté ? N'ai-je pas trahi, ou été trahi par quelqu'un ? Telles pourraient être les questions des ovaires. Ils offrent dans la graphie de leur nom en français l'image de l'œuf ailé qui caractérise si bien cette partie de l'anatomie. Le « V » dessinant les deux ailes et le « O » l'œuf lui-même. L'ovaire devient finalement « l'aire du cœur » lorsque le V pénètre dans le O pour dessiner le symbole du soleil. Les ovaires symboliques maintiennent le souvenir de Némésis, de la justice divine, du karma et du dharma, du programme spirituel de l'existence, conditionné par les mémoires des vies antérieures et l'histoire de la civilisation. Par contre, les spermatozoïdes symboliques évoquent une information abstraite produite par les petites têtes, les testicules. Les ovaires maintiennent la conscience du destin de l'être et, surtout, disent que le moment est venu de le laisser éclore en organisant la rencontre des contraires.

L'utérus est un nid où l'embryon grandit en toute sécurité. Il suffit de laisser croître l'évidence de la Présence à soi-même puis au Grand Sens sans la rejeter. Sur le plan psychologique, une pathologie de l'utérus questionne le sentiment d'insécurité, la peur du rejet et le besoin de se sentir accueilli dans son environnement immédiat. Ici, la question « où est ma place ? » prend un relief tout particulier. La santé de l'endomètre symbolisera les conditions plus ou moins accueillantes de cet environnement.

La fonction première du **Bélier zodiacal** consiste, en un unique jaillissement, à joindre l'idée (la tête, associée à ce signe) avec l'énergie vitale (le système génital) pour reproduire l'acte de création. La tête est en bas, *car elle se met au service de la vie,* préparant ainsi l'étape suivante de la géographie corporelle, dans le sens de la remontée : celle des « vie sert », des viscères.

L'anatomie masculine pourra être précisée par la langue des oiseaux et l'étymologie :

Les testicules sont littéralement des « petites têtes », mais aussi là où est « testée (test) la relation (I) à la lumière (cul) ». Il s'agit de l'équivalent symbolique des ovaires chez la femme. Une pathologie pourra questionner la pertinence des pensées et des croyances : sont-elles en accord avec la conscience spirituelle ou spéculent-elles loin de tout fondement physique et/ou métaphysique ? Chaque spermatozoïde est l'équivalent d'une pensée : Est-il fécond ?

La prostate sécrète et stocke le liquide séminal. Elle évoque le bouclier du guerrier par ses traductions : « qui se tient devant » et « se placer devant pour protéger ». Une pathologie suggère un excès d'ambition et de volonté de conquête qui mettrait en danger la sécurité du sujet. La multiplication des projets (les nouvelles semences séminales) et la volonté de les porter loin dépassent les capacités de la personne. Ce sentiment d'impuissance est pris en charge par la maladie. La langue des oiseaux qui entend « pour (PRO) l'État (STATE) » souligne la volonté de se maintenir dans une posture de responsabilité coûte que coûte. Le cerveau étant en relation avec le système uro-génital il est possible qu'un effort de pensée intense, conduisant parfois à un *burn out,* soit pris en charge par la prostate qui déclenche un cancer, une pathologie de l'hyper-multiplication cellulaire qui « canalise » le feu cérébral en excès.

Le pénis est un chemin vers Dieu, par lui l'homme entre dans l'Origine (le ventre) pour sa renaissance. La circoncision est le signe de l'alliance du peuple hébreu avec l'Éternel.

Chapitre 3

Le nombril

L'abdomen se tient à mi-chemin entre les parties inférieures du corps (jambes et pieds) et ses portions supérieures (cage thoracique et crâne). C'est un lieu médian où trône le centre du monde corporel : le nombril.

Étymologies et expressions

Par une série d'altérations, le latin *umbiliculus*, « ombilic », prit la forme contemporaine de « nombril ». L'idée d'un sujet placé au « centre du monde », comme dans l'expression « tourner autour de son nombril », est assez récente puisque cette d'expression date du XIXe siècle, le siècle d'affirmation du capitalisme et de l'individualisme. Être ébloui par la brillance de son nom est une pathologie bien moderne, en effet. Le terme

« ombilic » désignait à l'origine la partie enflée, centrale et arrondie d'un fruit, d'un bouclier, d'un plat ou d'une assiette.

Biologie

Chez l'homme, le nombril est la cicatrice résiduelle du premier lien. C'est la marque et le souvenir de la blessure de séparation originelle : la coupure du cordon ombilical. Le cordon relie le placenta de la mère enceinte à l'embryon. Par le sang, il transmet au fœtus les nutriments et l'oxygène dont il a besoin. Ces éléments biologiques codent la présence du mythe de Narcisse, comme nous allons l'esquisser.

Mythologies

Trois histoires évoquent le nombril corporel. L'élévation de l'omphalos (« *ombilic* ») par Zeus, l'histoire de Narcisse et celle de la reine de Lydie, qui se nomme précisément Omphale.

L'omphalos de Delphes

Un jour, Zeus lâcha deux de ses aigles, respectivement en direction de l'extrême occident et de l'extrême orient. L'Olympien subodorait peut-être déjà que la Terre fut ronde, puisqu'il avait compris que les deux volatiles se rencontreraient en un point. En ce lieu précis, il déposa l'*omphalos*, l'ombilic du monde, le centre des terres et des mers. Plusieurs omphalos furent érigés dans l'Antiquité, mais le plus connu était celui de l'oracle de Delphes, représenté par une pierre conique en forme de ruche, recouverte d'un filet et surmontée de deux aigles en or. La tradition situe la tombe du Python vaincu par Apollon sous cet omphalos.

Ce centre est considéré comme le lieu de la création du monde. Nous avons, une fois encore, une image biomythologique très précise puisque le nombril est bien le centre géométrique du corps humain. La mort du serpent Python est une image assez réaliste de la coupure du cordon ombilical. Il marque l'accès du bébé à la lumière du jour, ce jour régi par Apollon, le Soleil. Le serpent est l'animal emblématique de la Grande Déesse. Sa « destruction » par le dieu solaire symbolise le passage du matriarcat au patriarcat. La biologie répète à sa manière ce thème puisque le nombril ferme la porte du ventre au moment où l'enfant entre dans la clarté du jour. Alors l'accès à l'espace matriciel est définitivement clos.

Apollon assis sur un omphalos (vase). Source : Common Wikimedia.org

Définitivement ? Pas tout à fait, du moins pour les pythies et les chamans, ces experts des déplacements dans les autres mondes. Les pythies, ces prophétesses au service d'Apollon, portent le nom féminisé du défunt Python. Le nombril représente un lieu de passage entre la vie ordinaire et le monde magique, entre l'espace apollinien du jour lucide et les obscurs mystères de la Grande Mère.

Mais la pythie ne tourne pas autour de son nombril ! Elle traverse audacieusement ce passage médian pour entendre et transmettre les messages nichés dans les eaux imaginales, celles qui véhiculent l'information de l'univers et dont le placenta biologique est la métaphore. Ces prophéties viennent de la matrice de la Déesse, de cette trame secrète qui soutient la vie sur la Terre.

Le rocher du temple de Jérusalem était, lui aussi, considéré comme un omphalos.

> « Ce roc passait aussi pour refouler les eaux souterraines du Tehom. D'après la tradition talmudique, ces eaux emporteraient tout sur leur passage si quelqu'un déplaçait cette pierre. On rapporte que c'est par l'ouverture qui se creuse dessous que se seraient déversées, dans les profondeurs de la terre, les eaux du premier flux. C'est à cet

emplacement que se trouve aujourd'hui, à côté de la mosquée Al-Aksa, le dôme du Rocher (mosquée d'Omar), qui passe chez les musulmans pour le lieu où fut sacrifié le patriarche Abraham[24]. »

Le nombril est donc un symbole de centre. Or tout centre est un lieu de passage entre le monde ordinaire et les mondes invisibles. Notons que les Grecs et les Hébreux n'entretenaient pas le même rapport avec cette trouée qui s'ouvre vers « le premier flux » et dont le corps maintient le souvenir biologique avec le liquide amniotique. En associant les pythonisses à son pouvoir, Apollon a conservé un moyen de communication avec le monde féminin de la Grande Déesse. Le Dieu des Hébreux récusa ces magies du féminin de l'être et paria sur une élévation de la conscience vers le second centre de l'univers : l'Étoile polaire, lointaine, lumineuse, silencieuse, comme retirée du monde et autour de laquelle tournent toutes les autres étoiles.

Pour la clarté du propos, il est temps de préciser que le corps humain, comme le monde, possède deux centres : l'omphalos/nombril qui surplombe le ventre et l'Étoile polaire/fontanelle qui surmonte la tête. YHWH, en tant que Dieu de l'Origine, n'appartient pas au symbolisme du ventre ni du nombril. Les auteurs de la Bible firent, au contraire, un effort sans précédent pour effacer toutes les traces des dieux matriciels – comme le polythéisme, la magie, les esprits de la nature, les mythologies, les immenses combats cosmogoniques entre les divinités et les monstres – pour imposer un Dieu unique qui se retira ensuite de sa Création. En termes symboliques, ils firent le pari de substituer la fontanelle au nombril, la lointaine Étoile polaire à l'omphalos.

Pourtant, nous assistons aujourd'hui à un retour du paganisme « justifié » par des modèles théoriques comme l'intrication quantique[25], l'inconscient collectif jungien[26], les champs

---

[24] *Encyclopédie des symboles,* Livre de Poche.
[25] Massimo Teodorani, *Entanglement, l'intrication quantique, des particules à la conscience*, Macro éditions.

morphogénétiques[27] et, en biologie, la reconnaissance des intelligences émergentes. Tous développent une vision du réel fondée sur l'interdépendance, l'absence de hiérarchie et une « matrice » qui sous-tend les existences objectives.

L'omphalos est donc le lieu géographique d'où le monde naquit, exactement comme le nombril est la trace corporelle de la naissance. À partir de cette matrice « féminine » surgit tout ce qui existe, ce que l'on appelle généralement la « manifestation », les formes du réel. Mais c'est aussi *le centre spirituel* d'un lieu, comme en témoigne l'omphalos de Delphes situé dans le temple d'Apollon. Le nombril est un lieu de passage qui conduit du monde ordinaire vers le monde magique, de la lumière visible de l'existence commune vers les « eaux » de la Grande Déesse qui sait les secrets du futur et les besoins du Vivant. Considérer le nombril comme un espace d'enfermement narcissique serait une erreur de perspective.

Point médian entre le début de la journée (l'orient) et sa fin (l'occident), l'omphalos marque le midi de l'être, ces moments de l'existence où le sujet est le plus intensément présent à lui-même. Le nombril est la marque de celui qui est pleinement conscient de son unicité et de ses valeurs, car il affirme *son nom*. Ce nom, il l'a brillamment conquis dans des expériences initiatiques vécues dans les grottes de la Terre et, précédemment, dans le ventre de sa mère. Dès la coupure du cordon ombilical, l'enfant est nommé. Il accède à l'autonomie et à la différence, mais il oublie aussi son origine et la grande matrice qui l'informa pendant neuf mois.

Sur la voie de l'involution, le nombril invite à répéter le processus de génération de la forme biologique en multipliant des objets, au risque du règne de la quantité. Son nom le rappelle à sa manière par « nombre-il » ou encore « nombre île ». Le nom est réduit au nombre, à ce qui est mesurable et

---

[26] C. G. Jung, auteur de nombreux ouvrages dont son autobiographie *Ma vie* et *Le livre rouge* récemment publié aux éditions L'Iconoclaste / La Compagnie du Livre Rouge.

[27] Rupert Sheldrake, *Sept expériences qui peuvent changer le monde*, éditions du Rocher.

comptable, pendant que les liens de sympathie et d'interdépendance disparaissent. L'abdomen symbolique, d'où s'élève l'omphalos, perd sa fonction d'initiateur aux Mystères. Le « domaine de l'abbé » – *AB Domen* – est déserté par les esprits de la nature. Il devient un simple espace vide, avide d'accomplir le rêve d'abondance d'une société comptable qui ne voit dans la matrice qu'un réservoir de nourriture. Dans cette société où se multiplient les objets et les enfants au risque d'épuiser les ressources de la Terre, n'est-il pas temps de revenir vers une perception plus subtile du nombril ?

Sur la voie de la transvolution, l'ombilic est l'espace symbolique où le chaman et la pythie deviennent des médiateurs entre deux *mythos* : Apollon et Gaïa, le Soleil et la Terre. Ces êtres se font aussi sensibles que la Lune pour réfléchir la lumière du premier et accompagner les fructifications de la seconde. Alors l'être brille par son nom. Sa personne est éclairée par la lumière de l'Esprit. Il ne s'agit plus de découvrir son centre en accueillant doucement l'évidence du Soi comme dans l'évolution, mais *d'être* l'un des multiples centres du monde, un espace qui focalise et densifie la présence de la Vie.

Il est temps de se demander pourquoi le nombril devint le symbole corporel du narcissisme. Nous glanerons au passage quelques clefs pour sa lecture sur la voie de l'évolution.

Narcisse

Comprendre Narcisse suppose d'oublier tout ce que la psychanalyse a enseigné à son propos et de revenir vers le texte d'Ovide[28]. Narcisse naquit d'un point d'eau puisque son père est le fleuve Céphyse. Dès sa naissance, sa mère, Liriopée, une jolie nymphe azurée, rendit visite au devin Tirésias et lui posa cette question : « Est-ce que mon fils vivra longtemps ? » Le

---

[28] Ovide, *Les métamorphoses*, éditions Folio et Luc Bigé, *L'Éveil de Narcisse*, éditions de Janus.

voyant aveugle lui répondit : « Oui, il vivra longtemps s'il ne se connaît pas. » Narcisse, dont le nom se traduit par « narcose », loin de symboliser l'enfermement psychique dans sa propre image, est un mythe de connaissance de soi puisque Narcisse se connut. Il mourut en effet à l'âge de seize ans en se regardant intensément dans la Source. Cette histoire décrit le processus qui permet à tout être humain de quitter sa narcose habituelle pour aller vers l'éveil, pour devenir conscient de qui il est.

Le conte reprend les thèmes de la naissance :

- Narcisse passe d'un jardin humide (« Céphyse » se traduit en effet par « rivière de jardin ») où il « dort » à la prise de conscience de son identité. À la fin du conte, il devient enfin « narcisse », la fleur qui porte son nom.

- La fécondation est fondée sur une souffrance inconsciente et longtemps refusée. Le texte précise que lorsque Liriopée entre dans les flots du Céphyse, le fleuve « la violenta ». L'être humain porte au fond de lui-même le souvenir de la violence de son incarnation, thème que le thymus reprendra bientôt avec plus de clarté.

- Les grandes épreuves traversées par Narcisse sont des expériences d'abandon : de ses amis (la chasse au cerf), de la parole explicative (Écho) et finalement de sa propre image (l'épisode du lac). Autant de répétitions symboliques de la première séparation, la coupure du cordon ombilical.

- Sa mort, comme l'a prédit Tirésias, est son éveil à lui-même. Lorsque les nymphes vinrent chercher le corps du bel enfant descendu dans l'Hadès pour dresser son bûcher funéraire, elles virent, à sa place, la première fleur de narcisse du monde. Narcisse est enfin devenu Narcisse.

- La morphologie du nombril, cette partie circulaire et légèrement creusée du ventre, évoque la forme du lac où l'Enfant va se regarder comme dans un miroir.

Le narcissisme psychologique est une fixation psychique sur un moment particulier de l'histoire, lorsque l'Enfant se regarde dans le miroir d'eau et tombe éperdument amoureux de sa propre image. Pour dénouer cette cristallisation et comprendre son sens, pour remettre en mouvement l'évolution de la conscience-énergie, il est utile d'observer le mouvement du mythe dans son entier, de la naissance jusqu'à la mort de l'Adolescent.

L'Enfant ne tourne pas autour de son nombril. Il plonge fermement son regard vers le point d'eau placé au centre du jardin. Cette source entourée d'herbages jamais foulés par aucune trace d'animal, ni une simple feuille tombée d'un arbre, ni même un rayon de soleil, attire puissamment Narcisse. Le lac est entouré d'un espace sans trace, sans mémoire, inaccessible aux événements du monde extérieur. Il ressemble au placenta dans lequel baigne l'embryon. Narcisse refait le chemin de sa naissance à l'envers. Il franchit la porte du nombril afin que son nom brille. En revenant vers sa source, il devint ce qu'il est. Et comment franchit-il ce passage ? *En accueillant sa souffrance.* Une souffrance profonde, fondatrice, qu'il a toujours refusé de voir et qui lui posa tant de freins pour rencontrer vraiment ses compagnons ! L'accueil des trois abandons – de ses amis, de son amoureuse et, finalement, de l'image qu'il se faisait de lui-même – l'a préparé à cet ultime passage où il va revivre le « viol » de Liriopée et s'en libérer.

Que nous dit le nombril, si ce n'est que l'homme est né d'une souffrance qu'il refuse longtemps d'observer ? Que cette douleur ontologique inconsciente l'entraîne dans deux mouvements contraires. Un enfermement psychique dans ses représentations, bien loin du réel ; et une projection de sa souffrance sur le monde extérieur, sous la forme d'une violence inconsciente dans ses rapports à ses semblables et aux autres règnes de la nature, qu'aujourd'hui l'homme narcissique empoisonne avec ses pesticides et manipule par sa technologie. Sur la Terre fourmille une espèce de bipède prédateur, avide et violent, qui met toutes les ressources de son intelligence au service de ce grand œuvre de destruction, à tel point que la race a de grandes difficultés à vivre ensemble sans produire des guerres, phénomène unique dans l'histoire des espèces. C'est que ces hommes-là, pas encore *Sapiens*, vivent avec des *persona* et divers masques dans l'espoir futile d'échapper à la souffrance et à la mort. Alors, incapables de les regarder en face, ils les projettent dans leur environnement, qui n'a jamais autant souffert depuis les débuts de l'histoire du vivant.

Le nombril, sur la voie de l'évolution, propose ceci : pour que notre nom brille vraiment, nous devons accueillir puis traverser la souffrance ontologique née de la séparation d'avec le placenta, ce symbole d'un état antérieur où la conscience baignait dans l'amour, la sécurité et l'abondance.

« Placenta » se traduit par « gâteau », une pâtisserie qui gâte l'enfant (l'amour), le nourrit (l'abondance) et lui procure un sentiment de sécurité (le sucre).

La coupure du cordon rappelle que le « sujet » se construit par des deuils successifs, par des séparations répétées. L'estomac symbolique évoquera la meilleure manière de procéder.

Omphale

Cet épisode est l'un des plus étranges du parcours héroïque. Il se place en effet *après* qu'Hercule eut accompli ses douze Travaux. Le héros a déjà exploré l'axe du monde en descendant dans le Royaume des morts et en montant jusqu'au Ciel cueillir les pommes d'or des Hespérides. Contre toute attente, l'homme qui maîtrisa le monde des Ombres et s'éleva jusqu'à la hauteur des astres accepta de s'habiller en femme. Il offrit sa chère peau de lion à la reine de Lydie en guise de cadeau de mariage et apprit maladroitement l'art du tissage !

Omphale acheta Hercule en tant qu'amant vigoureux bien plus que comme un guerrier valeureux. Les Grecs considéraient que le nombril était le siège des passions. L'expérience du centre du monde, c'est-à-dire ici une conscience stabilisée dans l'Éveil, produit une nouvelle forme de narcissisme alimentée par les forces de la sexualité. Le héros devient l'otage consentant de son nombril stimulé par sa Réalisation : la reine « Omphale ».

Hercule et Omphale, de Boucher.
Musée Pouchkine, Moscou. Wikipedia.

De manière significative, Hercule ne sera libéré de son esclavage qu'après avoir tué un serpent gigantesque. Ce serpent, le maître de la force vitale, se nomme *Ophiocos*. À sa mort, il sera transformé en constellation, celle qu'Hercule tient sous son genou dans le ciel étoilé : Ophiuchus, le Serpentaire des Latins. Il semble que le contrôle des forces vitales soit de première importance *après* l'accomplissement des douze Travaux. Trois enfants naquirent des amours voluptueuses d'Omphale avec son esclave libéré du monde des hommes : Lamos (« dévorant »), Agélaos (« verger ») et Laomédon (« qui gouverne le peuple »). Est-ce à dire que cette sexualité-là recherche la fusion dévorante, l'ivresse des sens et le pouvoir ?

Pendant ce temps, les gens du peuple se moquaient secrètement d'Hercule. Ils murmuraient en coulisse que le grand guerrier portait une robe rouge brodée d'or, qu'il avait ceint un châle pourpre autour de son front, et qu'à ses poignets cliquetaient des bracelets en métal précieux. Certains avaient même observé l'ombrelle qui protégeait sa peau des brûlures du soleil et ses cheveux parfumés qui ondoyaient dans le vent frais du matin. Ainsi paré, l'homme vivait une existence lascive à la cour d'Omphale, entouré d'une assemblée de jeunes filles dévergondées. S'il craignait les remontrances de la reine lorsque celle-ci le jugeait malhabile au fuseau, les murmures du peuple, il n'en avait pas honte, car cela faisait bien longtemps que les valeurs culturelles et morales de sa communauté ne l'impressionnaient plus. Sa seule angoisse résidait dans sa réelle difficulté à maîtriser l'art du tissage. Un art typiquement féminin, un art qui ne peut se comprendre qu'en portant un regard féminin sur la réalité. Ces qualités qui manquent tant aujourd'hui réhabilitent le féminin, dialoguent avec l'âme du monde, l'*anima mundi* des anciens alchimistes et la Grande Déesse des mythes.

Le châle pourpre qui ceint le front d'Hercule précise son statut : c'est un initié qui a franchi la porte de la fontanelle qui conduit vers le monde des étoiles. Ce n'est donc pas un épisode régressif ni un quelconque « repos du guerrier », mais une nouvelle étape du cheminement vers l'immortalité à laquelle il convient de se soumettre corps et âme. Seules les mentalités patriarcales du « peuple » moquent Hercule déguisé en femme et soupçonné de filer aux pieds d'Omphale. En réalité, le tissage symbolique est une action de toute première importance. Nous avons déjà développé cela en rencontrant un autre personnage féminin, Pandore[29] :

> « Une tapisserie résulte de l'entrecroisement de deux fils, la trame horizontale et la chaîne verticale. Il s'agit là d'un symbole cosmogonique très répandu représentant justement un travail de création : l'araignée sort le fil de soie d'elle-même, les moires sont des fileuses qui nouent les fils mystérieux du destin. Qu'il s'agisse du biologique ou du mythe, l'art du tissage évoque bien plus qu'un

---

[29] Luc Bigé, *Prométhée, le mythe de l'homme*, éditions de Janus.

simple vêtement. Il est là pour révéler une image secrète, fruit de la patience, de l'art et de l'habileté. Le dessein devient pleinement visible lorsque l'homme accomplit son destin à lui assigné par les Moires. Destin, dessin et dessein s'entrelacent dans le monde imaginal. En termes plus contemporains les ficelles verticales du tapis cosmique représentent les différents archétypes, les fils horizontaux les multiples niveaux de conscience possibles. Quant au morceau de laine qui serpente entre les deux, il représente la manière dont la personne – le tisserand – dirige sa vie. Leur rencontre, leur croisement, est le lieu d'un événement produit par deux facteurs : la force d'un sens qui cherche à se faire reconnaître par la voie des symboles et la logique des forces physiques, historiques et sociales dont l'individu est la fine pointe biopsychique. C'est pourquoi un « événement » se lira à la fois symboliquement… et logiquement car il doit obéir aux lois de sa nature. Le motif que révèle le tapis achevé représente la destinée accomplie de l'homme. Pandore, qui manie à merveille cet instrument, accomplit son destin : elle sait créer et représenter exactement la volonté de la Vie. Sa création révèle le rêve de Dieu. Elle rend l'invisible visible. Évidemment, Prométhée ignore le secret du tissage. Il ne crée pas pour manifester l'invisible Destin : il transgresse pour révéler ce qui est caché par dieux. L'art du tissage signe exactement le complémentaire symbolique de la création prométhéenne. La tisseuse révèle et accomplit le Destin, le prométhéen force celui-ci en affirmant sa totale liberté. Sa construction est *sa* signature, alors que l'étoffe tissée par Pandore est la signature de la Vie. »

Quelle est la signature de la Vie ? Telle est précisément la question que le Conquérant ne s'est jamais posée. Il fut fidèle à son destin, mais ne s'est jamais interrogé sur le dessein du Tapis en son entier. Or la question ne peut rester sans réponse ! Et la « réponse » se révèle lorsque l'homme héroïque renonce à sa force, s'ouvre à l'immensité de la joie, se laisse accompagner par un collectif et reconnaît la nature « tissée » de la réalité. Il renoue alors avec les valeurs symboliques du « placenta », cette grande « matrice » qui forme la trame secrète de l'univers-embryon. Le temps est venu pour Hercule de soumettre sa propre force. Alors son horizon va s'éclaircir :

« Lorsque nous sommes conscients du but de la vie, la lumière de l'âme brille dans notre existence et son secret, enfoui à l'intérieur du monde, devient vivant. Et la lumière qui est à l'intérieur de nous se révèle à l'intérieur de chaque chose ; elle est « au centre de toutes les choses ». Quand notre lumière devient vivante à l'intérieur de nous, elle devient vivante à l'intérieur de toute la création. Elle révèle à la création son véritable sens, son but. Aujourd'hui, notre culture conçoit essentiellement la vie selon une perspective matérielle. Nous adorons le dieu du consumérisme, considérant que le but de la vie est d'acquérir. Nous sommes emprisonnés dans la matière. Nous avons oublié le sens symbolique et sacré du monde extérieur. Privés de notre âme, nous avons privé la création de son sens le plus profond. Et parce que nous avons refusé au monde sa divinité, celui-ci agonise lentement.

[...] Nous avons besoin des pouvoirs magiques présents au cœur de la nature pour guérir et transformer notre monde. Mais réveiller ces pouvoirs signifierait que nos institutions patriarcales perdent leur prédominance et leur contrôle lorsque, une fois encore, le mystérieux monde du dedans entrera en jeu en libérant les forces qui furent un jour comprises et utilisées par les prêtres et les chamans, tout ce dont le monde patriarcal a oublié l'existence. La science du futur travaillera avec ces forces, explorant la manière dont ces différents mondes se relient, en incluant la manière dont les énergies de la vie intérieure peuvent être utilisées dans la vie extérieure. Le chaman et le scientifique travailleront ensemble, la sagesse du prêtre et la sagesse du physicien renouvelleront leur antique alliance[30]. »

En revenant vers le « domaine des femmes », le héros retourne symboliquement vers les activités de la vie quotidienne. Mais ce n'est plus la vie ordinaire. Donnons une fois encore la parole à Llewellyn Vaughan-Lee et à l'expérience soufie :

« Le véritable labeur sur la voie est de vivre l'énergie et la conscience élevée du Soi dans la vie de tous les jours. Initialement, le Soi, avec son énergie de réalisation de soi, éclate dans notre conscience ordinaire, créant parfois un déséquilibre psychologique. L'ego et le mental répondent à cet influx d'énergie en créant des illusions, souvent des images non fondées de la vie spirituelle. Puis, peu à peu l'ego cesse d'être gonflé par cette nouvelle énergie ; la voie et le travail psychologique qui consiste à confronter et à intégrer l'ombre, ainsi que d'autres dynamiques internes, procurent un psychisme équilibré, un contenant pour notre conscience élevée. La complète soumission de l'ego au Soi prend des années, et tout le monde n'atteint pas ce stade-là. En fait, c'est plutôt la structure de

---

[30] Llewellyn Vaughan-Lee, publié dans le *Sufi Journal*, n° 67, automne 2005.

l'ego qui est transformée afin qu'il apprenne à co-exister avec le Soi. Il ne combat plus constamment ni ne sabote notre vraie nature, il n'est plus autant qu'avant influencé par des schémas inconscients. Il cesse d'être un centre de conscience autonome mais commence à vivre une vie de service en relation avec le Soi. Nous apprenons à écouter, à discerner et à nous laisser guider par le réel. L'ego aussi change subtilement tandis qu'il est inondé de la lumière du Soi, il devient plus transparent, plus apte à transmettre au lieu d'obscurcir notre conscience élevée. Le mental aussi s'adapte à un état plus élevé de la conscience. Le travail soufi, qui consiste à « marteler le mental pour le faire entrer dans le cœur », décrit un processus par lequel le mental apprend à œuvrer dans le cœur avec notre conscience élevée afin d'être attentif à ses indices plutôt qu'à les rejeter. Lorsque nous ne sommes plus autant dominés par des schémas de pensées rationnelles, alors nous devenons plus réceptifs à l'intuition. L'intuition vraie ne suit pas des processus de pensée intermittents mais vient du Soi le plus haut où toute la connaissance existe comme dans un état d'union »[31].

La reine de Lydie et sa cour soulignent que, au-delà de l'accomplissement héroïque typiquement « masculin », la réalité est fondamentalement « féminine », sensible et interdépendante plutôt que rationnelle et hiérarchique.

C'est pourquoi le séjour du héros auprès d'Omphale ne fut pas vain !

[31] Llewellyn Vaughan-Lee, « La maturité spirituelle », revue *Terre du ciel*, n° 74. Pour aller plus loin, du même auteur, *Le visage d'avant ma naissance, une autobiographie spirituelle*, et The Golden Sufi Center, http://www.goldensufi.org.

Synthèse, le nombril

Centre géométrique du corps humain, il dessine un espace de passage entre le monde de la raison et celui du mystère.

Dans l'involution, l'homme reproduit simplement la fonction biologique du ventre en multipliant les créations, les objets et les savoirs. C'est le règne de la quantité et du foisonnement des formes.

Dans l'évolution, le sujet entre dans le processus de « connaissance de soi » en se regardant intensément dans ses profondeurs. Alors il reconnaît enfin « qui il est » et affirme sa seconde naissance. Celle-ci s'est longtemps préparée dans le système génital symbolique et dans le bassin.

Dans la transvolution, il devient chaman ou pythie, capable d'explorer en conscience la trame des informations subtiles qui organise notre réalité objective. Cette « matrice » est le domaine de la Grande Mère.

L'autre centre du corps, la fontanelle, relie l'homme à la dimension paternelle du monde métaphysique.

Chapitre 4

Le système excrétoire

Pour terminer cette exploration du petit bassin, interrogeons les productions du corps et, par analogie, la nature des productions idéales du sujet. Car les selles et les urines ne sont pas uniquement des « déchets ».

A-t-on remarqué que les deux œuvres matérielles du corps portent respectivement les couleurs de l'ombre et de la lumière, de la nuit et du soleil ? Nous explorerons plus tard sa troisième création : la parole, qui pourra, elle aussi, être d'ombre ou de lumière. Pour l'heure, la biologie sépare le clair de l'obscur, le liquide du solide. C'est aussi le travail de l'être humain dont les ancêtres mythiques, du moins dans la tradition occidentale, ont mangé du « fruit de l'arbre de la connaissance du bien et du mal ».

Commençons par la lumière.

Les voies urinaires
L'appareil urinaire comprend les reins, l'uretère, la vessie et l'urètre. L'urine excrétée par les reins est acheminée par l'uretère jusqu'à la vessie qui la stocke, puis elle est éliminée de l'organisme lors de la miction par l'urètre.

Les reins filtrent le sang. Les déchets récupérés forment une urine primitive qui est déversée dans l'uretère attenant au rein. Leur fonction symbolique, sur laquelle nous reviendrons bientôt en détail, interroge la relation amoureuse et la bonne volonté du sujet à s'oublier dans le partage.

Qu'est-ce alors que l'urine ?

Le mot vient de l'ancien français *orine*, dérivé du latin *aurum*. L'urine est exactement un « or liquide ». Une eau d'or ! Cette substance marie admirablement la couleur du père-soleil avec la fluidité féminine. Elle rappelle le fameux « or potable » des anciens alchimistes, une substance capable de guérir un grand nombre de maux. L'amaroli, une ancienne technique d'autoguérison de l'ayurvéda qui consiste à boire son urine, développe la même idée. Notons enfin que le latin classique *urina* signifie à la fois urine et sperme.

Le corps excrète donc une substance qui dit ceci : le sujet (l'or) a acquis une grande souplesse (l'eau) grâce à l'expérience de la relation amoureuse (les reins). Il peut enfin sortir de lui-même pour contacter le non-moi. Lors de la miction, l'urine sort du corps pour rejoindre la terre. « Sortir de soi-même », c'est mourir un peu au narcissisme du nombril grâce à la relation d'amour avec un(e) autre (les reins), puis avec l'ensemble des existants (la miction).

L'urine et les selles signent l'accomplissement d'un sujet qui a réussi le processus de digestion, c'est-à-dire de symbolisation : devenu un or liquide, il entre en contact sensible avec le monde extérieur, tout en conservant sa singularité.

Comment est-ce possible ? Il suffit de remarquer que l'urée est née de la dégradation des protéines, elle symbolise les expériences du sujet devenues inutiles (déchet), dont il ne subsiste qu'une lumière intérieure (*or-in*). Chaque civilisation produit son urine, sa lumière, que les générations suivantes ont tendance à jeter dans les poubelles de l'histoire sans se donner le temps de les recycler dans leurs nouveaux modes de vie. Les révolutions caricaturent cela. Elles ne voient généralement, dans les réalisations du passé, que des déchets à abandonner. Ce fut le cas de la révolution française en 1789 et de la révolution culturelle chinoise dans les années 1960. Bref, elles jettent le bébé d'or qui marine dans l'eau du bain des vieilles superstitions.

Honorer *l'essence* de ses anciennes expériences, tel pourrait être le message symbolique de l'urine ! Alors le sujet établit un contact naturel avec la terre, avec le féminin du monde. Il abandonne progressivement ses attachements aux formes, aux possessions, à l'argent et à la sécurité du « moi » pour se couler dans *l'anima mundi*.

Bien sûr, dans l'involution, uriner prend un sens inverse ; c'est marquer un territoire en affirmant : Je suis là et j'y reste ! Nous y reviendrons en explorant le symbolisme des reins.

Par ailleurs, « prendre des vessies pour des lanternes » est bien excusable puisque la vessie est un sac rempli d'une lumière liquide. De plus, le muscle de sa paroi se nomme le « détrusor », une anagramme de « du trésor » ! Voilà donc un sac stockant une eau dorée, c'est-à-dire des sentiments lumineux pour des jours meilleurs. « Prendre des vessies pour des lanternes » revient à imaginer des futurs de lumière en concoctant de vieilles recettes nées d'un regretté âge d'or imaginaire, d'une expérience ancienne dont on n'aurait conservé que les romantiques éclats de soleil. C'est oublier que le passé doit retourner à la terre comme la miction, qu'aucun avenir ne se construit en idéalisant les anciennes réussites.

La vraie lanterne est pleine du feu de l'intuition, elle annonce l'inconnu. La fausse lanterne est gonflée d'eau ou d'air. L'idéalisme affectif et les belles paroles s'y côtoient dans l'espoir imprudent de faire croire à des futurs enchanteurs, mais sans vraie vie. Bref, la Vessie n'est pas le Messie. Si ce dernier a purifié les impuretés du monde, comme la vessie dans l'univers biologique, il a aussi allumé sa lanterne aux étoiles.

Les matières fécales

Les excréments sont formés par les substances alimentaires inutilisées et d'un grand nombre de bactéries du microbiote. Après leur passage dans le colon, les déchets sont stockés dans le rectum puis expulsés par l'anus.

Il reste donc l'inaccompli de l'homme. Il reste tout ce que le sujet n'a pas intégré dans son organisme biopsychique. Ce sont toutes les expériences non symbolisées, non transformées en états de conscience. Les « déchets » signent l'incapacité de la personne à rendre consubstantiels à elle-même les événements et les archétypes qui la touchent. L'ombre représente ce qui n'est pas vu, pas compris, pas aimé. Les excréments sont le signe visible d'un manque naturel d'inclusivité.

Au Siècle des lumières, les selles commencèrent à être perçues comme impures. Puis, au XIXe siècle, il devint inconcevable d'absorber des aliments ayant poussé sur des déjections humaines et animales. La généralisation des engrais chimiques fit le reste, renvoyant les excréments humains dans l'ordre d'une lie inutile. La notion de cycle, pourtant si importante en biologie, fut oubliée. En termes psychologiques, il est utile de rappeler que l'ombre ne devient une ressource fertile que lorsque la conscience est sans jugement, inclusive, bien loin de la séparativité d'une pensée qui crée une ligne de partage entre le bien et le mal, entre le pur et l'impur.

Les matières fécales et l'urine invitent le sujet à reconsidérer ses valeurs morales, son sens du bien et du mal. Certes, le corps sépare la lumière de l'ombre, mais il dit que l'une comme l'autre sont infiniment utiles. Il susurre encore que l'une et l'autre conduisent parfois la personne vers de profondes déceptions. Se « retrouver dans la merde » désigne une situation inextricable, c'est un excès d'ombre ; « prendre des vessies pour des lanternes » génère des illusions irréalistes, c'est un excès de lumière.

Notons que les plantes vertes ne semblent pas produire d'excréments, ce qui signe leur degré de complétude ontologique. Elles transforment tout ce qu'elles absorbent alors que les mammifères et les machines produisent des déchets. Sur leur propre ligne d'évolution, les végétaux sont probablement plus évolués que les autres espèces. Les plantes se nourrissent directement de lumière et créent une harmonie et une beauté sans pareilles sous couvert d'une apparente compétition pour la vie. Ce degré de perfection est assez compréhensible puisque les végétaux ont plusieurs milliards d'années d'amélioration derrière eux, alors que l'homme n'a au mieux que cent mille ans d'histoire. Nous sommes un bébé-humanité bien immature ! Les botanistes affirment parfois que la lignine est le déchet de l'arbre[32]. Si cela est bien le cas, cela signifie que cet organisme utilise ses « déchets » pour s'élever, puisque cette molécule forme le bois. Tout un programme !

Les menstruations
Chez la femme, du sang et des cellules de l'endomètre sont

---

[32]http://www.lemonde.fr/sciences/video/2014/07/01/les-arbres-ont-ils-des-excrements_4448784_1650684.html

éliminés chaque mois entre la puberté et la ménopause. À chaque cycle, une nouvelle muqueuse se reconstitue pour accueillir un éventuel œuf fécondé.

Le terme « menstruation » se réfère au mois lunaire par le latin *mensis* (mois) et le grec *mene* (lune). Le cycle dure en moyenne 28 jours, soit une période lunaire. Chaque cycle est l'occasion de renouveler les cellules de la paroi de l'utérus au rythme des mouvements de la lune, du moins en principe. Et puis il y a cette curieuse appellation de « règles » qui suppose un réglage, une synchronisation, afin de revenir sur une droite ligne. « Règle » est en effet un terme « solaire » qui canalise et organise le foisonnement du principe féminin.

De nombreuses sociétés considèrent qu'une femme qui a ses règles est en état d'impureté rituelle et, à ce titre, soumise à des interdictions dans sa vie quotidienne et religieuse. La « règle » patriarcale lui impose donc de se conformer à des lois extérieures. Les règles apparaissent comme l'irruption d'un principe solaire au milieu d'un cycle consacré à la lune, à la fécondation et au foisonnement du vivant. Lorsque la fécondation se produit, les principes masculins (spermatozoïdes) et féminins (ovule) se rencontrent pour produire un embryon. Lorsque la fécondation n'a pas lieu, cette rencontre devient symbolique et se place dans la conscience de la femme. Après la ménopause, la bien nommée « mène eau pause », la rencontre du soleil avec la lune quitte le monde des eaux fécondes pour sceller une alliance entre le Soi solaire et la personnalité lunaire.

L'élimination des cellules de l'endomètre par les règles revient à faire du ménage dans sa maison intérieure, à éliminer les vieilles habitudes pour se préparer à un nouveau départ. À chaque cycle, l'endomètre se reconstitue partiellement. La surface de l'utérus, cette maison d'accueil de l'œuf fécondé, fait peau neuve.

La présence de sang dans les règles, spécifique aux femmes et aux grands primates, est un appel au renouvellement du moi. Le sang est en effet le symbole biologique de l'« âme » :

> Tout ce qui se meut et qui a vie vous servira de nourriture : je vous donne tout cela comme l'herbe verte.
> Seulement, vous ne mangerez point de chair avec son âme, avec son sang[33].

Le sang est l'âme de la chair, plus exactement il véhicule le psychisme de la personne avec les mémoires de sa lignée. Si « les liens du sang ne sauraient mentir », c'est que l'hérédité psychique est tellement puissante qu'il est parfois difficile de s'en libérer !

A contrario de la croyance qui rend la femme réglée impure, le sang versé est purificateur :

> Car si le sang des taureaux et des boucs, et la cendre d'une vache, répandue sur ceux qui sont souillés, sanctifient et procurent la pureté de la chair,
> Combien plus le sang de Christ, qui, par un esprit éternel, s'est offert lui-même sans tache à Dieu, purifiera-t-il votre conscience des œuvres mortes, afin que vous serviez le Dieu vivant !
> Et c'est pour cela qu'il est le médiateur d'une nouvelle alliance, afin que, la mort étant intervenue pour le rachat des transgressions commises sous la première alliance, ceux qui ont été appelés reçoivent l'héritage éternel qui leur a été promis[34].

Tout dépend de quel sang il s'agit. Si celui-ci est dans la filiation des ancêtres, s'il marque les liens héréditaires, alors oui, le liquide versé est purificateur dans le sens où il élimine en s'écoulant les tares psychiques de la lignée. Par contre, si ce même sang véhicule la présence du Soi, s'il est devenu sensible à l'âme spirituelle du sujet, alors le sacrifice du liquide vermeil redonne un surcroît de vie à la communauté, reproduisant en cela la tragédie du Sauveur.

---

[33] Gn 9,3.
[34] He 9,13-15

Dans l'involution, la jeune fille qui a ses règles pour la première fois perd son innocence. Elle passe de la blancheur virginale au rouge de l'engagement. Or le terme « engagement » désigne aussi les fiançailles suivies du mariage et de la fondation d'un foyer par la mise au monde d'enfants de chair. D'une manière plus générale, la puberté est un âge d'engagement dans la vie communautaire, loin des deux « quilles » parentales symbolisées par les jambes.

Dans l'évolution, la perte du sang représente une libération des encombrements psychiques d'une culture qui étouffe le sujet sous le poids des mémoires, du passé, des musées et des deuils inaccomplis. Les anciennes expériences, les vieilles tares transgénérationnelles, les « péchés » des ancêtres et les fautes récentes sont lavés afin de recouvrer l'innocence perdue. Le génie de Shakespeare fut de mettre en scène un héros alourdi par une telle faute que le liquide rouge qui entachait ses mains ne pouvait plus être lavé. Lorsque le sang ne s'efface plus, l'homme est condamné à rester pour toujours dans le péché et le moi n'a pas la chance de refaire sa vie.

Si les femmes fécondes éliminent mensuellement le sang lourd des effluves psychiques qui empoisonnent l'innocente vitalité des premiers jours, les hommes n'ont pas ce privilège. C'est pourquoi ils ont appris à verser leur sang sur les champs de bataille, la guerre pouvant être comprise ici comme un sacrifice des deux belligérants pour nettoyer l'inconscient collectif empli de haine et de violence qui pollue la vitalité des peuples. La guerre n'est pas une histoire de femmes, car celles-ci savent éliminer par leurs corps les encombrements du passé. Les hommes ont ce besoin récurrent de verser leur sang dans des conflits armés, car ils ignorent ce secret. Ils ne savent pas encore le symboliser ni le ritualiser, à l'exception peut-être des grands rendez-vous sportifs, ces métaphores de la guerre.

Sur le chemin de la transvolution, la qualité du sang est essentielle, non pour des raisons génétiques ou patriotiques, mais parce que ce liquide est extrêmement sensible aux effluves qui émanent des mondes invisibles, aux énergies psychiques dégagées des lieux, des personnes et des esprits présents dans l'environnement. Ce dégagement des mémoires renouvelle la maison intérieure (l'utérus) de la personne et la rend disponible à une nouvelle fécondation : celle du Soi qui cherche à infuser la personnalité afin que s'accomplisse la naissance spirituelle.

Synthèse, le système excrétoire

Les urines rappellent qu'au fond de chaque histoire, il subsiste toujours un or liquide, une essence d'expérience qui fortifie et assouplit le « moi ». Dans l'involution, l'urine symbolique est là pour marquer le territoire et affirmer la présence lumineuse du moi solaire. Dans l'évolution, le liquide doré signe les espoirs (et les désillusions) du sujet qui aspire à un monde meilleur. Dans la transvolution, la personne devient capable de se donner à l'âme du monde tout en conservant son identité.

Les matières fécales représentent l'inaccompli de l'homme, tout ce que sa conscience fut incapable de métaboliser. Dans l'évolution, le sujet comprend que son ombre est aussi sa ressource. C'est le terreau de toute croissance. Il voit que l'ombre possède un immense avantage sur la lumière : elle est capable de transformation pour aller vers plus de clarté. La transvolution supposerait que le règne humain soit aussi « évolué » que le monde végétal, qui ne produit pas d'excréments. C'est-à-dire qu'il exprime simplement sa vraie nature !

Les règles procèdent mensuellement à un nettoyage des influences psychiques qui encombrent le sujet. Sa maison intérieure (l'endomètre) est à nouveau prête pour accueillir un renouvellement du « moi ». Dans l'évolution, elles proposent une alliance entre les valeurs de foisonnement et celles d'organisation, de relier intérieurement les polarités féminine et masculine. Dans la transvolution, cette alliance s'accomplit progressivement entre le Soi et le « moi », les rapprochant l'un de l'autre à chaque cycle mensuel.

Seconde partie

Les viscères de la cavité

abdominale

Introduction

L'exploration de la « poésie véridique des viscères » suit le même chemin que précédemment : en interrogeant leurs noms dans la langue des oiseaux, en questionnant les expressions françaises qui s'y rapportent, leurs localisations dans le corps, la cytologie, les fonctions biologiques des organes et enfin les mythes qui les évoquent.

Les pieds, en marchant, cherchaient à se libérer de l'attachement à la Terre Mère. Les chevilles dessinaient ensuite un premier élan pour s'élever vers l'étoile du Soi, si imperceptiblement devinée. Les genoux opéraient un tri entre la volonté d'autonomie du « moi » et l'accueil de sa fragilité dans l'intimité d'une relation amoureuse. Les cuisses amplifiaient ces amours en les rendant volages et proposaient à la personne de s'attacher solidement à des valeurs essentielles plutôt que de s'enticher des derniers venus. Il s'agissait de bien rester dans son axe, sans se laisser fasciner par le chant des sirènes, ces multiples illusions qui attiraient encore. Apprendre à observer les contenus de l'inconscient afin de ne point s'y perdre fut d'une aide précieuse pour traverser les contenus du petit bassin, le chaudron de la résurrection où bouillonnent désirs et peurs.

Le foie, la vésicule biliaire, le duodénum, l'intestin, la rate, le pancréas, les reins et l'estomac sont des organes mous situés à l'intérieur de la cavité abdominale. Le latin *viscus,* d'où dérive

« viscère », désigne la « chair », la substance symbolique des émotions et des passions. Il existe trois catégories de viscères, différenciées par leur localisation corporelle. Le cerveau, pris dans la boîte crânienne, appartient au monde du Feu ; le cœur et les poumons, enfermés dans la cage thoracique, parlent la symbolique de l'Air et les viscères abdominaux se partagent l'étage associé à l'Eau. Le Feu s'occupe de la question des idéaux et du contact direct avec la transcendance, l'Air décrit les échanges avec l'environnement et l'Eau explore le monde des sentiments mis en mouvement par les émotions. Le Feu transforme, l'Air communique et l'Eau frémit. Les huit viscères du ventre représentent autant de manières « viscérales » de servir la Vie grâce à l'Eau fluide et féminine : par la joie née de l'abondance (le foie), l'engagement social et relationnel (les reins), l'intelligence émotionnelle (les intestins), l'élaboration d'un « je » (estomac), la créativité (le pancréas), la neutralité bienveillante (duodénum), l'accompagnement des processus de métamorphose (la rate), et enfin en suivant le mouvement des humeurs (la vésicule biliaire).

Finies les aventures épiques dans le Lointain, associées aux membres inférieurs et à l'élément Terre ! L'Eau *du bassin* invite le chercheur à se préoccuper de sa vie intérieure en se plongeant dans ses émotions. Le premier acte de la conscience consiste à renouer avec l'énergie vitale lovée au creux du chaudron pelvien, car une grande partie de celle-ci avait pris l'habitude de s'échapper vers des champs de bataille extérieurs. Les hommes et les femmes doivent donc se régénérer en revenant vers eux-mêmes. Reproduction, compétitivité, grands projets, exploits physiques et techniques, courses aux armements et aux richesses deviennent obsolètes lorsque la conscience-énergie quitte le monde pratique de la Terre pour pénétrer dans l'univers sensible de l'Eau. Les membres inférieurs aspiraient à aller plus loin, toujours plus loin : vers l'extase (les pieds), la liberté individuelle (les chevilles), l'accomplissement d'ambitions élevées (les genoux) et la réalisation sociale ou spirituelle (les cuisses). Arrivé au terme de son grand voyage, Ulysse retrouve Pénélope et son lit d'olivier aux profondes racines[35]. La nouvelle sève s'élève des profondeurs bien plus qu'elle ne surgit du lointain. Les temps héroïques s'effacent comme d'anciens rêves. À l'orée de la conscience, un nouveau drame se profile, celui des passions et des déchirements affectifs : la traversée du monde des valeurs.

Une civilisation fondée sur l'Eau symbolique regarderait infiniment plus qu'elle n'agirait. La satisfaction résulterait d'un ressenti bien plus que d'un accompli. Pour les membres inférieurs, le critère suprême était le pragmatisme, c'est-à-dire la valorisation de « tout ce qui marche[36] ». Les réussites sociales, scientifiques et économiques étaient jugées sur leurs « progrès » par rapport à un passé estimé « rétrograde ». Mais le modèle de civilisation proposé par l'Eau du bassin accentue la relation sensible à soi-même, à l'autre et aux règnes de la Nature. Naissent alors le développement personnel, le romantisme et l'écologie, autant de valeurs impensées par la Terre des conquérants et des héros de la mondialisation. C'est le domaine de la Grande Déesse dont le ventre est l'épiphanie.

L'image joue un rôle central, car l'Eau est le premier miroir naturel. Celui qui se penche au-dessus du bassin se voit pour la première fois tel qu'il paraît. Grâce à ce « par-être », il élabore patiemment un chemin vers l'Être qui réside dans son cœur. L'image est une source de connaissance. Que l'on nous permette de reprendre ici une réflexion développée à l'occasion de l'analyse symbolique du mythe de Narcisse[37] :

> « Contrairement à l'esprit prométhéen, ni l'évolution biologique ni celle de Narcisse n'accumulent des abstractions théoriques. L'une procède par tâtonnement ; l'autre par l'imaginaire et le vécu quotidien. C'est que la Nature et Narcisse sont femmes. Mais la tradition philosophique occidentale a instauré la primauté de l'idée sur l'image. Socrate et Platon, malgré ce qui a été dit, n'y furent pas étrangers. Puis les religions du Livre ont amplement confirmé la

---

[35] *Cf.* le volume 1 de cette série.

[36] Rappelons le mot de Valéry : « La science est l'ensemble des recettes qui marchent. »

[37] Luc Bigé, *L'Éveil de Narcisse*, éditions de Janus.

toute-puissance du Verbe et, plus tard, de l'écrit comme moyen pour créer et communiquer. Le christianisme resta néanmoins le seul des trois monothéismes à avoir conservé la présence de l'image comme voie de contact avec le Grand Inconnu, avec les représentations du Christ et des Saints en occident et, surtout, avec la tradition iconographique de l'église orientale. Cette querelle entre iconoclastes et iconophiles n'est pas encore totalement éteinte puisque, du point de vue de la foi musulmane, radicalement sans images, représenter le Christ en croix relève de la pure idolâtrie. Narcisse affirme néanmoins sans ambages que l'image est une voie de connaissance de soi, puis du Soi. Jung, qui avait une composante narcissique, a beaucoup utilisé les images sous la forme de mandalas et de rêves pour effectuer sa plongée dans l'inconscient. Récuser le potentiel de connaissance enfoui dans l'image au nom de l'idéalisme platonicien et de la foi monothéiste a longtemps fait stagner la connaissance dans des discours philosophiques abscons qui tournaient en rond et ne cessaient de se nourrir les concepts qu'ils généraient. Un médecin occidental, jusqu'au XVIᵉ siècle, n'avait jamais touché un corps et encore moins procédé à une autopsie. Il consultait uniquement par correspondance *sans voir* ses patients, fondant son savoir sur un pur raisonnement abstrait nourri des textes d'Aristote et de Gallien. *Or le refus des images est un déni de réalité.* Les scientifiques l'ont compris avec le succès que l'on sait. Avant de réfléchir il faut voir, car la nature se manifeste par l'image bien plus que par le verbe. Ni les montagnes ni les plantes ne parlent, les animaux n'émettent que quelques sons. Ne considérer que le verbe nous coupe de la réalité. Alors la tentation est grande de construire un monde de représentions autoalimentées et sans aucun rapport avec l'univers réel. L'immense drame, c'est que ces représentations fonctionnent et sont opératives car elles prennent le pouvoir sur la nature du réel. Pire encore : elles se substituent à lui et prétendent être « vraies ». On ne dira jamais assez à quel point cela est dangereux, à quel point ce phénomène contribue chaque jour à nourrir la grande illusion du monde dans lequel nous vivons, faute de « connaissance de soi ».

La primauté du nom pour désigner et comprendre la chose remonte à la victoire du nominalisme d'Ockham, au XIVᵉ siècle. Nous croyons aujourd'hui, naïvement, qu'il suffit de nommer une chose pour la connaître, que regarder le ciel et dire « tiens ! Voilà une hirondelle » annonce le printemps du savoir. Pourtant que savons-nous vraiment de ces volatils, de leurs modes de vie, de leurs fonctionnements biologiques, de leurs ruses, de leurs amours, de leurs subjectivités, de leurs sensibilités, de leurs vies sociales et des contrées qu'elles explorent lors des grandes migrations ? Le nom ne classifie en réalité que notre ignorance du réel, surtout lorsqu'il prétend connaître car, alors, toute autre forme d'investigation se trouve dévalorisée. Cette logique est celle de tous les patriarcats monothéistes mais aussi des Grecs et des Romains dont nous sommes les héritiers. Car si le verbe affirme la primauté du masculin, l'image appartient à la sphère du féminin. La nature muette, cette mère des mères dont toutes les productions sont des formes et des corps se trouve, de fait, renvoyée dans le silence puis, bientôt, dans l'obscurantisme. Narcisse lui-même, plongé dans un monde masculin, devint une structure pathologique nommée par un psychanalyste de sexe mâle. La science s'est néanmoins émancipée de la tutelle de la foi, elle sut redonner à l'image son statut d'outil de connaissance. Sans observations fines, minutieuses et répétées rien de sûr n'émerge. Mais Narcisse n'est pas un savant, car seule l'expérience de son monde intérieur l'intéresse. C'est néanmoins par les images mouvantes et changeantes de sa vie presque onirique qu'il « se connut lui-même ». Ceci devrait nous inciter à réhabiliter les images comme voie de connaissance. Elles sont de trois types : celles offertes par la nature, celles fournies par les rêves et l'imaginaire et celles inventées par l'homme. Dans l'esprit de Narcisse et de Tirésias – celui « qui prend plaisir aux signes » – toutes les trois se lisent d'une manière non intellectuelle, avec un regard symbolique. La nature nous dit qui elle est car sa simple observation est déjà la théorie du réel ; les rêves nous renseignent sur l'identité du sujet ; et les systèmes symboliques codifient la géographie du monde du sens. Mais avant que ces significations n'émergent, il convient de laisser ces différents types d'images nous parler dans leur langue inaudible. Il convient de sentir la force et la qualité d'énergie de l'arbre dans la forêt, de s'imprégner de l'atmosphère vivante et vibrante d'un mythe ou d'un conte et de laisser œuvrer dans notre cœur la lame du tarot que la main « aveugle » a appelé. Sans cela nos représentations et nos croyances s'empareraient aussitôt de l'image pour la caser dans un « système » d'explication du monde. Dans le sillage de Narcisse nous ne pouvons échapper au fait que la « co-naissance » nous apporte le trouble, la souffrance et la mort de ce sur quoi nous fondions naguère nos valeurs et notre existence.

Dans un monde patriarcal, et le nôtre l'est encore dans la mesure où l'égalité assumée passe souvent par la partie masculine des femmes, le statut des images est dévalorisé, réduit à ses formes les plus primitives que sont l'imagination rêveuse et la publicité tapageuse. L'image est là pour distraire (la télévision, le cinéma), pour édifier (les spectacles) pour impressionner (la propagande politique) et pour influencer (la publicité). Elle est rarement là pour métamorphoser. Mais qui saurait encore la lire de manière sensible ? Qui saurait encore la vivre comme un média de transformation ? Et pourtant s'en est un. Il suffit de se reporter aux nombreuses expériences de rêve éveillé[38] ou encore à la force thérapeutique et spirituelle des mandalas et des yantras utilisés en Inde depuis des siècles. »

L'image, lue comme un symbole vivant, est donc un outil de connaissance, au moins aussi utile que la pensée rationnelle. Dans le bassin, elle devient de plus en plus importante avec ses deux composantes : celle qui distrait et élabore une *persona*[39] (dans la descente), celle qui réfléchit la nature essentielle de l'homme et l'enseigne (dans le processus de la remontée).

Car c'est bien dans le monde des viscères que l'on risque de « prendre des vessies pour des lanternes » ! La figure montre autant qu'elle trompe. Le terme « image » contient « mage » et « magie » ! Il ouvre sur l'univers des illusions (dans la descente) et des pouvoirs spirituels authentiques mais terriblement dangereux (dans la remontée). Le parler des oiseaux ne dit-il pas que, dans « la magie », « l'âme agit » ?

Nous allons quitter la structure osseuse du bassin et la vie sacrificielle du bélier de la résurrection pour pénétrer dans le monde de la psychologie avec sa sensibilité, ses émotions, ses exaltations et ses dépressions, ses drames et ses joies. Après avoir répondu à la question « Où est ma place ? » en surgira une autre, lancinante, péremptoire, celles des « vie-sert » : « À quoi sert la vie ? » et, surtout, « *Qui* la sert ? »

Les viscères abdominaux sont reliés les uns aux autres par une fine membrane, le péritoine. Ils sont comme emmaillotés dans un voile qui les rassemble. Une manière muette de préciser qu'un mouvement de l'un est aussitôt ressenti par tous les

---

[38] Voir notamment les remarquables travaux de Georges Romey dans son *Encyclopédie de la symbolique des rêves*, éditions Quintessence.

[39] La *persona* était un masque de théâtre qui a donné plus tard le terme « personnage ». La *persona* désigne une « fausse identité » construite le plus souvent sur le besoin d'être aimé. Celui qui ne serait que cela courrait le risque de devenir une « personne », de n'être personne… au lieu de découvrir ce qui en lui est unique en s'affirmant précisément comme un « individu » indivisible.

autres. Les viscères mettent un terme aux exploits individuels. Une conscience collective émerge. Les psychologues connaissent bien ce phénomène : si un individu change vraiment, la totalité de son entourage se transforme de manière significative et l'ensemble de son environnement se modifie. Le péritoine annonce l'entrée dans l'univers de l'interdépendance.

Les viscères dépendent du système nerveux autonome sur lequel nous n'avons aucun contrôle volontaire. Il est impossible pour un individu normal de diriger le rythme péristaltique de son intestin ou le fonctionnement de son foie. Si les os symbolisent l'organisation du monde métaphysique peuplé d'archétypes, les viscères évoquent le contenu de l'inconscient : tout ce sur quoi nous n'avons que très peu d'influence. Et puis il y a cette très belle image linguistique : l'« Esprit » est l'inversion orthographique des « Tripes ». Le surconscient et l'inconscient se réfléchissent comme dans un miroir, comme l'image d'un objet dans l'eau du bassin. La vie psychique, en grande partie inconsciente et automatique, serait alors une pure, mais déformée, réverbération des essences spirituelles.

Comprendre le sens symbolique des viscères affermit le lien naissant entre le « nouveau moi » et le monde spirituel. Une pathologie de ces organes indique un dysfonctionnement entre les aspirations profondes de la personne, les demandes de son âme, et ses habitudes psychologiques peut-être trop enclines à accepter des compromis avec un passé farci d'ambition et de conquêtes, un passé façonné dans les expériences des membres inférieurs. Peut-être la personne est-elle trop soumise à son environnement familial, social ou professionnel ?

« Abdomen » s'entend « AB domaine », le *domaine de l'abbé*. Or, quel est le champ de compétence du prêtre si ce n'est de servir d'intermédiaire entre les hommes et leur Dieu, entre la vie aventureuse des membres inférieurs et la réalisation spirituelle dont le cœur et la voûte crânienne conservent le secret ? Les « viscères de l'abdomen » expriment si simplement leur fonction ! Ils disent les différentes manières de servir la

Vie (« vie sert ») dans le « domaine de l'abbé (abdomen) ». Leurs épanouissements réenchantent la vie quotidienne en lui procurant un surcroît de sensibilité. Ils flirtent avec le monde magique et l'univers féminin dont la figure de la grande prêtresse est l'expression la plus achevée.

Nous interrogerons avec soin les dieux de la mythologie grecque qui naquirent du ventre de Cronos, ce Titan mâle enceint de ses enfants. Cronos naquit une première fois des amours de Gaïa avec Ouranos, puis il s'échappa du ventre de sa mère où son géniteur l'avait enfoui. Le Titan répéta ce schéma avec ses enfants. Les Olympiens naquirent une première fois de ses amours avec Rhéa. Mais le père s'empressa d'avaler goulûment ses bébés. Un jour, il les vomit, les expulsant brusquement de son vaste ventre. Tous ces dieux sont nés deux fois, d'abord de leur mère Rhéa, puis du ventre de leur père Cronos. Eux et leurs descendants habitent les organes du ventre, les imprègnent de leurs forces et de leurs faiblesses, les portent enfin vers la réalisation dans la lumière.

La peur est un sentiment qui appartient à l'ensemble des viscères : une peur profonde est dite « viscérale ». Chaque organe du bassin baigne dans une eau sentimentale, extrêmement sensible aux états d'âme. Néanmoins, les peurs sont infiniment précieuses dans le processus d'évolution[40] :

> « Selon le symbolisme des Winnebagos, la peur est en général le signe du réveil de l'état conscient, du sens des réalités, voire d'une conscience naissante. »

Elles sculptent les contours du moi, lui assignent ses limites et le respect du monde extérieur. Elles le protègent aussi d'une démesure qui pourrait nourrir une toute-puissance potentiellement présente dans le feu du désir associé à la figure du bélier sacrifié dans le chaudron de la résurrection, au bol pelvien et aux ovaires. Sans peurs, le sujet se risquerait dans des

---

[40] C. G. Jung, C. Kerenyi, Paul Radin, *Le fripon divin*, éditions Georg.

aventures qui l'anéantiraient sous la pression des forces physiques, psychiques ou spirituelles inattendues, comme dans une interminable tempête. Le sujet ne pourra explorer l'immensité du sacré (l'Océan) que lorsque son énergie-conscience se sera fermement posée dans l'espace du cœur et de son embarcation : les côtes. Lorsque la porte du diaphragme sera franchie, la conscience entr'apercevra l'Immense. Alors toutes les constructions identitaires élaborées dans l'Eau tiède du bassin seront balayées et emportées par un grand souffle d'effroi et d'amour.

Les huit viscères proposent autant de manières de « servir la vie ». Mais il faut *quelqu'un* pour accomplir cette grande et difficile tâche. Le contenu du ventre, comme lieu de genèse d'un « nouvel homme », sera lu de trois manières distinctes : le processus de la formation de la personnalité avec les peurs qui l'accompagne (involution), une expression pleine et entière d'un « sujet » (évolution) toujours tenté par la démesure au risque de se rêver un homme-dieu. Et enfin comme un processus de soumission aux demandes du cœur lorsque s'ouvre le passage du diaphragme (transvolution). C'est seulement lorsque tout cela sera accompli que les viscères porteront vraiment leur nom de serviteurs de la vie. Les naissances de « l'enfant-moi », puis de « l'enfant-je » et enfin de « l'enfant-Roi » représentent les trois niveaux de lecture du symbolisme du ventre, sous l'ombrelle protectrice de l'anima, la Grande Déesse. La mère sera en effet le soutien de l'enfant-moi ; puis l'enfant-je deviendra une « dame-oiselle » ou un « dame-oiseau » qui sort du nid familial en prenant langue avec son autre moitié ; enfin la « D'Âme » se révélera comme l'indéfectible soutien de l'enfant-Roi.

Dans la descente, le ventre représente naturellement le lieu de la maternité et de l'enfantement des enfants de chair reliés à leur mère par le cordon ombilical. Puis le « moi » se construit grâce aux contacts avec les parents biologiques et l'environnement immédiat. Dans la remontée, c'est le lieu symbolique de l'affirmation du « sujet ». En son centre trône à nouveau le nombril, non plus dans son rôle biologique de cordon ombilical, mais dans sa fonction sémantique décryptée par la langue des oiseaux : le « Nom brille ». Les dieux intérieurs associés aux viscères représentent autant d'instances psychiques qui, combinées, élaborent une individualité capable de réaliser dans sa vie quotidienne les promesses du monde imaginal, avec ses mythes, ses symboles, ses archétypes, ses fées et ses Princes charmants. Dans la transvolution, le ventre redevient ce qu'il a toujours été, mais en pleine conscience : l'épiphanie de la Grande Déesse, le point de contact sensible de l'individu réunifié avec l'âme du monde, *l'anima mundi*.

Après la naissance du bébé, deux systèmes affirment leur autonomie : les poumons avec le premier respir et le tube digestif qui reçoit la première tétée. C'est donc le tube digestif que nous allons explorer pour comprendre le processus de construction de la personnalité.

Chapitre 1

Les viscères creux : estomac, duodénum, intestin, vésicule biliaire

Le tube digestif *est un dedans qui intériorise un dehors*. De la bouche à l'anus en passant par l'œsophage, l'estomac et le duodénum jusqu'au terme de l'intestin, un seul long tube serpente à l'intérieur du corps. Il reçoit puis transforme les aliments en provenance du monde extérieur. Grâce à lui, le « moi » s'élabore pas à pas en symbolisant le monde, en le « métabolisant » en vocabulaire biologique. « Symboliser » est la capacité de se mettre en contact avec quelque chose d'inconnu puis d'élaborer une réalité intérieure fondée sur le sens, le ressenti et la compréhension de ses perceptions. Le sujet se construit et se transforme grâce à l'incessant processus de symbolisation qui consiste à faire d'une perception de la réalité extérieure une identité intérieure.

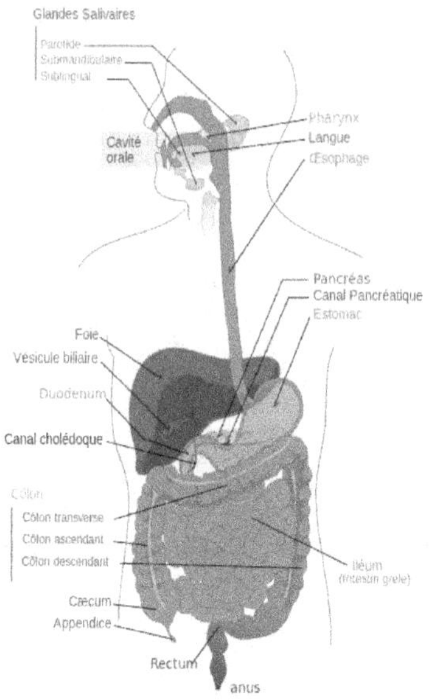

Le système digestif (Commons Wikimedia)
Auteur : Mariana Ruiz (LadyofHats)

Les deux viscères du tube digestif, trois si l'on compte séparément le duodénum, sont creux. Leur vide est un appel au plein. Estomac et intestin aspirent à un *état de plénitude*. La plénitude consiste à se sentir *plein et comblé. L'estomac va recevoir les nourritures affectives et les intestins, les nourritures intellectuelles pour l'élaboration du moi.* La tradition astrologique associe la Lune à l'estomac et au signe du Cancer. Nous verrons cependant que Cronos/Saturne semble également pertinent. L'intestin se réfère à Mercure et à la Vierge. Voilà deux manières complémentaires de se sentir comblé : par l'accumulation des savoirs (les intestins) et la multiplication des contacts sensibles avec des choses (l'estomac).

Les deux viscères qui forment le tube digestif maintiennent une interrogation commune et proposent deux réponses spécifiques : Comment faire du dehors un dedans, comment apprivoiser le monde extérieur pour le rendre inoffensif puis utile à la croissance de la vie intérieure ? L'estomac répond par une amplification de son volume et les intestins par une augmentation de leur longueur. La conscience de l'espace intérieur naît dans l'estomac qui trouve progressivement sa place dans le monde. La perception de la durée s'impose dans les intestins. Ils posent les germes de la croissance du moi. Vivre dans son estomac revient à éclore dans sa maison, vivre dans son intestin revient à s'épanouir dans une bibliothèque. Néanmoins, l'imaginaire pense un estomac qui se remplit et des intestins qui se vident. Le premier a besoin de sentir le monde en lui, le second de se libérer d'un trop-plein du monde. Les souffrances d'un estomac conduiront sur la piste d'un manque, celles d'un intestin sur un autre questionnement : De quoi suis-je en train de saturer, de quoi devrai-je me libérer ?

Pour comprendre le destin du système digestif, interrogeons avec René Alleau le sens symbolique de l'acte de manger[41].

« Quand nous nous interrogeons pour savoir d'où vient la conscience de l'analogie qui fonde la logique des symboles, nous oublions souvent que la loi de similitude ou *d'action des semblables sur le semblable* peut avoir des origines expérimentales et existentielles, celles de *l'assimilation du vivant par le vivant*, c'est-à-dire *la nutrition*.

C'est à partir de *l'universalité de la nutrition* et non seulement à partir de la sexualité qu'il faut essayer de sonder ces profondeurs paléo-psychiques. *Manger ou être mangé* : telle est, probablement, la première loi qui s'impose à tous les êtres vivants, de façon immédiate et spontanée. Par conséquent, le niveau le plus archaïque étant *l'assimilation vivante*, nous devons en tirer une conséquence essentielle : à savoir que tous les êtres vivants, et non seulement l'homme, appliquent dans leur comportement la logique de *l'assimilation*, c'est-à-dire celle de *l'analogie,* ce qui en fait non pas une langue particulière mais *le langage universel de la nature*. C'est ce que nous montrent *les phénomènes du mimétisme*. »

La pensée analogique s'appuie sur la ressemblance alors que la pensée analytique mesure des différences. L'entrée des aliments dans la bouche puis leur descente dans l'œsophage est une

---

[41] René Alleau, *La science des symboles*, p. 73, Bibliothèque scientifique Payot. Les italiques appartiennent au texte originel.

opération d'assimilation du monde par le biais de comportements analogiques, c'est-à-dire par imitation. Puis l'estomac va assimiler l'étranger, recevoir le vivant ainsi apprivoisé pour produire un autre vivant : un sujet.

L'imitation est une stratégie universelle de croissance, non seulement chez le petit d'homme mais aussi dans la nature. Pour clarifier la pensée, nous ne citerons qu'un seul exemple emprunté à l'ouvrage de René Alleau à propos du casoar de la Nouvelle-Guinée :

> « Pénétrant dans l'eau, en écartant ses longues plumes analogues à des herbes aquatiques, le casoar demeure en position de guet, dans une immobilité totale. Les poissons, nés curieux et peut-être sensibles à des effluves odorantes, s'approchent et se rassemblent dans cet herbier d'un nouveau genre. Le casoar, alors, comprimant ses ailes, sort promptement de l'onde, s'ébroue et s'offre un abondant repas avec tout le fretin retenu dans les barbes de ses plumes et rejeté de tous côté autour de lui. »

Devenir analogue à quelque chose pour se nourrir ! Par leurs jeux, en « faisant comme si »… ils étaient perdus dans une jungle inextricable, avec des bandits en hélicoptère qui les traquent… les enfants absorbent des expériences et s'en nourrissent. Pour l'adulte, « faire comme si » il savait peindre, chanter, courir, compter, danser… est un puissant levier d'apprentissage. L'homme mis sur la piste de la ressemblance s'inspirera plus tard de modèles : un nu « à la manière de » pour l'artiste ou l'imitation de la vie du Christ pour le croyant. C'est par le mimétisme que l'extérieur devient peu à peu un intérieur.

L'estomac

Oser être soi pour produire une œuvre

Étymologie et expressions

La racine latine qui a formé le mot « estomac » désigne « le goût », « l'humeur », « l'irritation »[42]. L'inconscient, qui ne respecte aucune règle grammaticale, entend : « Est-ce thomas ? ». Plus précisément encore, l'estomac demande « Est-ce toi l'as des hommes ? » par « Est-ce T Om As ? » Si l'on se souvient que le saint du même nom avait la réputation de ne croire que ce qu'il voyait, l'« estomac » symbolise le doute. C'est ainsi qu'un mélange d'irritabilité et de perfectionnisme sape la confiance en soi, car la personne aspire à devenir l'as des hommes et s'évalue à l'aune de cette image.

---

[42] Emprunté au latin classique *stomachus*, « œsophage, estomac ; goût ; humeur, irritation ». http://www.cnrtl.fr/etymologie/estomac.

Le projet de l'estomac consiste à se remplir, à devenir plein. En ce lieu symbolique, le sujet prend naissance. Qu'est-ce, en effet, qu'un sujet sinon une plénitude posée là, comme une bulle puissante, sensible et fragile, dans le grand vide des choses étrangères ? Toute perturbation de cette bulle de soi suscite des sautes d'humeur.

Chacun des huit viscères cherche *à rendre sensible* la présence d'un dieu, d'un archétype, puisque l'abdomen est un étage corporel empli d'une Eau frémissante. Le foie, qui porte si bien son nom en français (la « foi ») et en anglais (*liver*, le « vivant »), se sent missionné pour produire un nouveau paradis sur terre ; les reins s'engagent à maintenir l'harmonie, le dialogue et l'équilibre partout où ils se trouvent : couple, famille, profession, culture, monde. Ce sont des viscères pleins : inutile pour eux de chercher à se remplir. Le foie, obstinément, donne ; les reins, organe pair, cherchent le dialogue et le contact amoureux. Les organes creux comme l'estomac et les intestins privilégient l'acte de recevoir, prélude à un intense travail intérieur qui, un jour, produira une œuvre : le chyme, élaboré par le travail de l'estomac, et le tri du bon grain de l'ivraie obtenu grâce à l'intestin. Le chyme représente l'essentialisation des expériences reçues du monde extérieur, réduites à quelques données premières prêtes à entrer dans le duodénum. Le travail de séparation de l'intestin, occupé à trier ce qui est bon pour l'organisme de ce qui lui est inutile, correspond, sur le plan psychique, à une pensée capable de différencier clairement les vessies des lanternes.

Les expressions populaires précisent le sens symbolique de l'estomac :

> « Avoir un petit creux » : « Avoir faim » bien sûr, mais surtout se sentir dans un état de vide, de manque affectif.

> « Cela m'est resté sur l'estomac » : la difficulté de « digérer quelque chose ». Cela suscite le désir de réagir avec force ou d'intérioriser de la rancune.

Lorsque l'estomac « crie famine », la meilleure manière de réagir consiste à prendre la parole ! Le « petit creux » affectif est souvent comblé par une conversation qui rassure. Le contexte mythologique précisera pourquoi la relation entre l'estomac et la bouche, soulignée dans cette expression, est si importante.

« Avoir l'estomac dans les talons » : parfois, au lieu de s'élever vers la bouche, le viscère du recevoir descend dans les pieds. Or les talons abritent l'éros. Ici, la faim est de sexualité plus que de besoin de reconnaissance par la parole.

« En avoir l'estomac retourné » ou au contraire « avoir l'estomac bien accroché » désignent des réactions contraires face à l'horreur.

« Avoir de l'estomac » et « le faire à l'estomac » signent l'audace.

Étrange mobilité que celle de ce viscère qui endosse la fonction des cordes vocales pour « crier famine », descend dans les talons, se retourne, reste bien accroché et agit finalement avec audace en trouvant sa place ! L'humeur vagabonde de l'estomac serait-elle une quête de plénitude et d'un nid douillet ? Douillet ? Pas tant que cela en vérité. Car il n'échappe pas au sentiment de peur partagé par tous les viscères. L'estomac est quelquefois « noué par la peur ». Alors il se durcit et ne remplit plus son rôle de réceptacle souple, sensible au monde extérieur.

Ajoutons enfin que cette poche en forme de J dessine la première lettre du mot « Je ».

Au creux de l'estomac, le « je » se cherche, s'irrite, passe par des hauts et des bas, puis réalise finalement que sa place est là où il est. Alors il s'affermit. La poche stomacale n'est autre que le fourneau où s'élabore avec patience le grand œuvre d'une vie, dans le feu d'une acidité sans pareille.

Que se passe-t-il dans l'intériorité de ce ventre-athanor et de cette maison-moi ? Évoquons la biologie pour nous mettre sur la piste

Biologie

L'estomac ressemble à un sac en forme de cornemuse. Il sert de garde-manger. Cette dilatation du tube digestif est bornée par deux sphincters. En haut, le *cardia* fait la jonction avec l'œsophage, en bas le *pylore* s'ouvre vers l'intestin. L'estomac se tient dans la partie supérieure gauche de la cavité abdominale, sous le diaphragme. Il est en rapport anatomique avec le foie (à droite), la rate (à gauche), le pancréas (en arrière), le diaphragme (en haut) et les intestins (en bas).

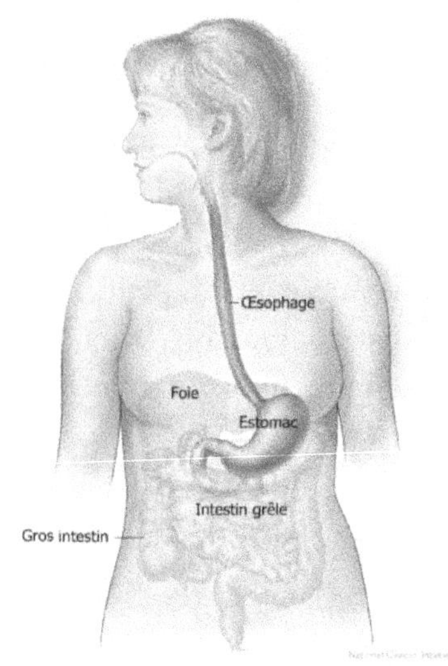

L'estomac et l'œsophage
(Source : http://visualsonline.cancer.gov/details.cfm?imageid=3925)

La chute des aliments dans le sac stomacal stimule la sécrétion des sucs gastriques à partir de la paroi du viscère. Puis intervient un brassage mécanique qui favorise la dissolution des nourritures. L'acide chlorhydrique composant le suc gastrique est extrêmement corrosif. Il déforme les protéines, tue les bactéries et réduit la taille des molécules organiques. Sur le plan symbolique, cette lyse est aussi une « analyse ». Une analyse acide, sans concession, qui détruit l'apparence phénoménale des expériences pour n'en conserver que les éléments fondamentaux. Au contact du monde extérieur, le « je » commence à produire de l'acide, mais il est aussi brassé, tourneboulé, bouleversé. Dans ce vase intime, que de tempêtes et de désillusions ! Parfois l'acidité devient de la médisance si les reflux gastriques tentent de s'échapper de la poche où ils sont normalement circonscrits. Ils « brûlent » l'œsophage et la cavité buccale, métaphore d'un verbe acerbe inexprimé. Contrairement aux intestins et aux reins qui filtrent les substances, l'estomac ne choisit pas. Il accueille tout ce qui lui est servi. Parfois en récriminant mais toujours sans discriminer. On comprend à quel point la vie de la personne centrée sur cet organe pourra être chahutée, et combien elle devra l'avoir bien accroché pour accueillir les hauts et les bas des nourritures affectives. On comprend aussi à quel point la critique sera l'attitude défensive d'un « moi » immergé dans un monde extérieur jugé aussi immense qu'hostile.

L'estomac symbolique est la promesse d'une profonde évolution intérieure pour celui qui réussit à faire sien ce qu'il admire chez les autres. Il « absorbe » leurs qualités. N'est-ce pas cela « manger » ? Cette stratégie est très profondément inscrite dans le psychisme archaïque. Les Gaulois, dit-on, s'appropriaient la force et l'intelligence de leurs ennemis vaincus en buvant dans leurs crânes. Curieusement, le christianisme a maintenu le sens premier de l'acte de manger puisque, au moment de la communion, les croyants absorbent le Corps du Christ et boivent son Sang pour mieux s'imprégner de sa Présence. Du déguisement vestimentaire à « l'Imitation du Christ », le mimétisme aide la personne à intégrer les qualités qu'elle admire chez les autres. Agissant ainsi, elle les démystifie et se libère de l'admiration qui consiste à « dévorer des yeux » les personnes aimées. Dans le cas contraire, l'autre deviendrait une « proie » fort sympathique, séduite par la trame miroitante des feux qui l'honorent. Peu importe que l'on théorise ou non le mimétisme. Le plus important est de le vivre, puisque l'estomac appartient à l'espace sensible de l'Eau et se destine à l'élaboration du sujet. Un *ego* qui souhaite échapper à l'enfermement narcissique devrait éviter l'écueil de *l'absorption* de l'autre. Il a pour tâche, au contraire, d'incorporer *les qualités* qu'il juge exemplaires et non de dévorer des formes qu'il aime avec admiration. L'estomac *digère* les expériences en les soumettant au rude malaxage des sucs gastriques ! Une personne qui refuserait la souffrance du deuil, cette opération de destruction des images et des souvenirs pour se réapproprier une simple essence d'expérience, serait comme Narcisse. Elle ne verrait dans le monde extérieur qu'une image d'elle-même, sans la symboliser, sans la métaboliser, sans la transformer, *sans la détruire* et s'offrir la chance de devenir un être à part. Car tout se passe parfois comme si l'estomac voulait avaler tout rond ce que les yeux admiraient, sans se donner la peine de l'acidification douloureuse par les sucs gastriques. Douloureuse, car l'estomac propose un processus de mort des images et des formes reçues du monde extérieur pour n'en retenir que l'essentiel. « Nourrir » et « mourir » sont si proches ! Grandir est un processus de deuil. L'estomac le rappelle à sa manière en absorbant du vivant pour le transformer en substances mortes. La langue des oiseaux n'est pas en reste : le J que dessine le « Je » naissant dans la poche stomacale évoque en même temps les multiples petites morts qui égrènent l'existence dans l'expression « ci-gît ».

Un estomac accompli possède donc sur le bout des doigts l'art du deuil. L'être psychique fonctionne exactement comme le viscère biologique : il reçoit par voie sensible des informations du monde extérieur puis il les fait siennes en les « tuant ». Grâce à ce processus de mort, la mémoire des choses se transforme en une essence d'expérience. De l'image, il ne conserve que l'idée de beauté ; de la souffrance du manque, il honore sa sensibilité. Mais mourir pour grandir n'est pas toujours facile. La tentation est grande de rêver dans son estomac, de ne conserver que le désir de plénitude en refusant l'arrachement du deuil. Alors surgit l'addiction. Lorsque l'estomac ne symbolise plus, il absorbe sans cesse le monde extérieur. Il collectionne les objets, les images, les souvenirs, les amours, les rêves ou les livres… tout ce qui le remet en contact avec ses richesses intérieures non encore intériorisées. Le collectionneur absorbe le monde et le dépose chez lui dans l'espoir de se sentir *comblé*. Mais s'il oublie de métaboliser les objets qu'il rassemble, ceux-ci s'accumulent et prennent tout l'espace physique que la personne n'a pas su transformer en espace psychique, en présence à soi.

La « critique acide » est une activité nécessaire au bon fonctionnement de l'estomac, comme à l'élaboration du sujet. En agissant ainsi, la personne sépare en fines parties les expériences-aliments qu'elle reçoit et se différencie du monde extérieur. Affermissant progressivement l'île subtile de son « moi », elle est de moins en moins remuée par les grandes vagues bouleversantes nées de l'océan des choses étrangères. Le mal de mer signerait alors une sensibilité exacerbée aux choses du monde, tellement intense que le sujet n'a pas la possibilité de les intégrer dans sa conscience. L'ouverture sensible du moi est trop vaste, le monde extérieur est vécu comme une agression permanente que la personne est incapable de filtrer ou même d'accueillir. Alors elle rejette par le vomissement ce trop-plein de choses subtiles qui envahissent sa conscience. Un excès de « Lune » la conduit à imiter le comportement de Cronos/Saturne qui vomit ses enfants. Les astrologues y verront bien sûr une manifestation de la complémentarité entre le Cancer et le Capricorne auxquels ces planètes sont associées.

Quant à l'intestin, dont la fonction consiste à séparer l'utile de l'inutile, il sera en relation avec la pensée analytique, une sorte de perfectionnement systématique de l'esprit critique.

D'une manière générale, les grandes étapes de l'évolution biologique peuvent être lues comme un processus allant de l'extérieur vers l'intérieur. Les Reptiles à sang froid, dépendant de la chaleur du soleil, furent suivis par les Mammifères à sang chaud, qui se sont approprié l'autonomie calorifique ; le passage des invertébrés aux vertébrés représente une intériorisation de la carapace qui devint un squelette, une opération complexe qui a multiplié les possibilités de conquêtes de nouveaux territoires ; la rencontre fortuite et hasardeuse du spermatozoïde et de l'ovule sur le sol humide chez les premières fougères fut plus tard incorporée dans les plantes à fleur, avec leurs ovaires et leurs pistils. Les animaux suivirent un processus d'intériorisation analogue, puisque l'œuf, de pondu chez les oiseaux, les poissons et les reptiles, s'accrocha dans le ventre maternel chez les mammifères.

La conscience centrée sur l'estomac répète à chaque instant ce grand et universel processus d'évolution qui consiste à intégrer dans sa vie intérieure les inventions de la vie extérieure. Sur le plan psychologique, l'heure est au « développement personnel » et au processus de symbolisation. Sur le plan collectif, l'évolution consisterait à élaborer un être humain qui réfléchirait *en conscience* les qualités naturelles et instinctives des autres règnes naturels.

Les trois niveaux de lecture de l'estomac symbolique sont donc « manger ou être mangé » dans l'involution, « se changer ou être mangé » dans l'évolution, « devenir consubstantiel au Réel » dans la transvolution. L'involution confronte la personne au sens de sa fragilité mais aussi à une violence possessive, l'évolution consiste à entrer dans le processus de symbolisation, et la transvolution porte au plus haut point les conséquences de l'imitation *des essences*.

La question d'un estomac qui oscille entre les talons et les cordes vocales sera : Où est ma place ? La réponse est précisément « entre les deux extrémités du corps humain ». Notre place, en tant qu'individus, ne sera jamais celle d'un rouage anonyme dans une grande et belle mécanique économique, comme tentent de nous en convaincre les théoriciens du travail. L'estomac sait bien que sa place est à mi-chemin entre le haut et le bas, entre la bouche porteuse de la Parole et les talons sources de l'Éros, deux domaines régulièrement explorés dans les expressions qui s'y rapportent. Le destin de l'estomac est de façonner un sujet, le « je » parle à partir de la conscience de soi. Or un sujet est capable de s'*assujettir* à plus grand que lui, à des forces invisibles qui le dépassent. Un sujet reconnaît humblement sa petitesse devant le Verbe, les vibrations puissantes du monde métaphysique (les cordes vocales), mais il sait aussi son rôle et sa responsabilité vis-à-vis de ses racines et du sol qui le porte (les pieds). C'est un citoyen qui tisse des réseaux sociaux, prend toute sa place, rien que sa place. C'est un écologiste qui reconnaît la juste part de l'homme dans l'économie générale de la Nature. Sans l'élaboration d'un « être-à-part », la personne vivrait dans l'alternance de deux ivresses contraires : tantôt un vertigineux sentiment narcissique de toute-puissance qui la rendrait capricieuse comme un dieu ou une déesse ; d'autres fois, elle se sentirait anonyme, immergée dans une foule qui projetterait son manque de « je » sur un leader charismatique et totalitaire, un peu plus « moimoïque » que les autres.

La grande et importante tâche de l'estomac consiste à métamorphoser un « moi » narcissique en un « je » centré et utile au reste de l'organisme. Le doute sur soi (« est-ce thomas ? ») désarçonne son rêve de toute-puissance ; l'irritation l'oblige à reconnaître l'autre dans sa réalité inabsorbable, donc imparfaite à ses yeux. Mais, un jour, l'homme engage sa responsabilité par un « Je » : il affirme son estomac. Il réalise sa juste place au point médian des extrêmes corporels.

La précision de notre Parchemin Magnifique est fascinante : le contenu du sac stomacal se déverse dans le duodénum – l'abréviation latine de *duodenum digitorum*, « douze doigts » –, à la jonction du pylore, littéralement le *gardien de la porte*. Lorsque l'estomac a accompli son œuvre (le chyme), le gardien du seuil vérifie que toutes les formes se sont bien transformées en bouillie, en essence de réalité. Alors la conscience se dirige vers l'étape suivante : la révélation des douze valeurs archétypales qui sont à la base du vivant. Le travail (al)chimique de l'estomac consiste à réduite la diversité des aliments – des nourritures sensibles reçues par le sujet – en douze parts essentielles. Peu importe que cette essentialisation soit de forme chrétienne avec les douze apôtres, juive avec les douze tribus d'Israël, polythéiste avec les douze Travaux d'Hercule ou encore gnostique avec les signes du Zodiaque : dans tous les cas, l'ensemble des expériences possibles est ramené à un nombre limité d'essences, à douze voies de réalisation essentielles. Le « pylore », le gardien de la porte qui s'ouvre vers le duodénum, évoque le « pilon » et le « pile or ». Il s'agit de piler, broyer, moudre, pulvériser dans l'estomac, afin que les nourritures affectives enrichissent les douze voies d'expériences fondamentales.

Alors seulement commencera le travail de sélection qui échoit aux intestins.

Un jour, à force de vouloir tout conserver dans sa maison-estomac, la personne se retrouve dans la situation délicate de Cronos, le Titan qui avalait ses enfants.

Mythologie

Cronos, le plus jeune des fils d'Ouranos et de Gaïa, castra son père. C'est ainsi qu'il mit un terme à l'incroyable fécondité du couple primordial. Il s'unit ensuite à sa sœur Rhéa, qui lui donna six enfants : Hestia, Déméter, Héra, Hadès, Poséidon et Zeus. Pour s'assurer de son trône et éviter le sort qu'il infligea à son géniteur, le Titan ne trouva rien de mieux que d'avaler sa progéniture. À l'exception notable du petit Zeus. Sa mère lui épargna en effet l'engloutissement en le remplaçant par une pierre que son gourmand de mari absorba aussitôt. Cronos, le Saturne des Romains, est donc un dieu mâle enceint de ses œuvres. Dans son immense estomac gisent des dieux ! Le sait-t-il seulement ? Le doute est permis quand on sait avec quelle avidité il avala le rocher que lui présenta Rhéa en substitution à son dernier-né. Tous ces trésors lui restent sur l'estomac, faute d'en percevoir l'essence divine. Heureusement, une déesse va l'aider à accoucher de ses œuvres. Métis fit boire au Titan un émétique. Celui-ci régurgita pêle-mêle le contenu de son vaste ventre. Plus tard, les dieux nés de sa bouche se révoltèrent contre leur père durant dix longues années au terme desquelles celui-ci perdit son trône. « Métis », l'accoucheuse de Cronos, se traduit par « Ruse », mais c'est beaucoup plus que de la simple astuce. La déesse personnifie l'intelligence féminine dont Hésiode affirme « qu'elle sait plus de choses que tout dieu ou homme mortel ». Les hommes possèdent une intelligence logique et abstraite, celle du logos, du verbe. Mais les femmes affichent une pensée *adéquate,* sensible à la nature des choses et qui sait comment résoudre *immédiatement* les situations les plus dramatiques. Une femme douée d'esprit de finesse va donc résoudre l'enfermement narcissique de Cronos et mettre fin à son avidité, à son perpétuel sentiment de vide intérieur. Une sage-femme en vérité. Mais il serait trop simple et dangereux pour un Narcisse d'attendre la rencontre salvatrice avec une femme-mère-déesse qui l'aiderait à accoucher de lui-même ! C'est *la conscience de Métis* qui le libérera de son enfermement psychique au creux de son ventre, c'est sa sensibilité immédiate aux besoins de ses proches qui lui permettra de vomir ses tripes en expulsant ses « dieux », ses dons et ses qualités intérieures. Le mythe ne peut offrir plus de clarté : *un jour, l'estomac doit vomir son contenu.* Un jour, la conscience *des besoins des autres* impose à la personne centrée sur son estomac d'offrir au monde le meilleur d'elle-même, les plus digérées de ses expériences. Cette lecture est bien sûr psychologique, mais elle vaut aussi sur le plan spirituel, car *l'estomac est le ventre d'où des dieux sont appelés à naître.* Il s'agira alors d'exposer un travail longuement maturé dans le creuset de sa vie intérieure. Vomir ses œuvres ! Telle est la destinée mythologique de l'estomac.

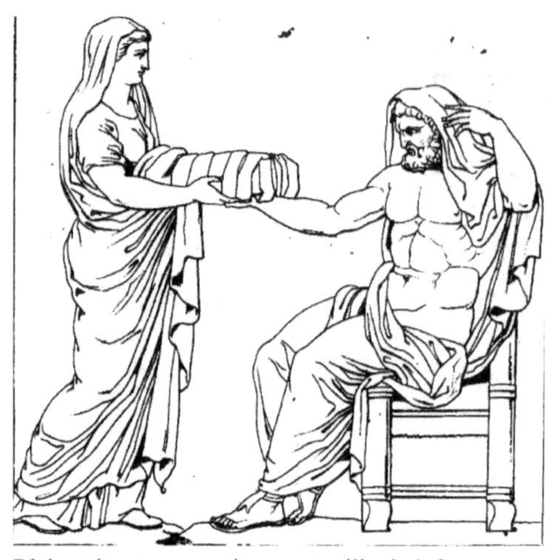

Rhéa présentant une pierre emmaillotée à Cronos
Dessin du bas-relief d'un autel romain
Source : *Galerie mythologique*, d'A. L. Millin, tome 1

Et que régurgite-t-il, le Titan gourmand ? Des merveilles qu'il conservait jalousement cachées au creux de lui-même, mille qualités à nulles autres pareilles ! Entrer dans le processus de création en offrant au monde le fruit d'une longue maturation est la solution que le mythe propose pour soulager les maladies de l'estomac. Les « dieux », entendons ici les œuvres issues du long processus de symbolisation, sont prêts à entrer dans la lumière.

Au début, le manque de confiance en soi et un narcissique besoin d'être aimé enferment la personne dans son estomac. « Est-ce Thomas ? », « Est-ce t'homme as ? », « Est-ce que tu es bien l'as des hommes ? » Le doute surgit au nom d'un perfectionnisme imaginaire et retient le vomissement de l'œuvre. Il préfère attendre une perfection jamais atteinte plutôt que de se laisser aller au simple dévoilement de ses qualités. Saint Thomas ne croyait que ce qu'il voyait, précisément parce qu'il doutait de sa capacité à se relier à l'invisible. Il faut du courage pour passer cette barrière du doute et oser vomir son Grand Œuvre. Derrière le doute se cache son contraire : la toute-puissance. Cronos n'est-il pas assis sur un siège royal qu'il juge plus important que la vie de ses enfants ? Le contrôle

138

et le sentiment de suprématie dessinent bien souvent la face cachée du doute et de la peur de l'échec. Les choses sont pourtant si simples : si le vomi est une essence de dieux, c'est aussi du vomi ! Nul ne crée une œuvre parfaite dès le premier essai.

Vomir suppose d'ouvrir la valve qui clôt normalement la partie supérieure de la poche stomacale, le cardia

> « Le principal remède psychique aux maux d'estomac sera d'élever toute expérience de l'altérité au niveau sensible. La construction du moi doit se faire dans le plaisir de l'altérité plus que dans celui des drogues ou de l'alcool. L'autre est aussi une nourriture pour le cœur[43]. »

Apprendre à déverrouiller la porte du haut, si bien nommée le cardia, pour vomir ses créations ! Seule la conscience d'autrui abolit l'encombrant désir de perfection et autorise l'œuvre à se présenter au monde dans son humble tenue de bouillie.

En régurgitant le contenu de l'estomac, l'angoisse qu'un toujours plus de nourritures biologiques et affectives ne comble jamais, s'évanouit. Alors l'homme et la femme de l'estomac *abandonnent* leurs collections d'objets. Ils renoncent également à la multiplication des expériences sexuelles en quête d'une extase toujours provisoire, surtout s'ils ont « l'estomac dans les talons ». Le sac stomacal redevient un espace de maturation. En s'imprégnant des nourritures reçues du monde extérieur, les « dieux » maturent. Ils sont ensuite « vomis » dans une œuvre significative ou une action éclairante. La vie d'ange rêvée par l'estomac se libère humblement dans une vidange et par l'ouverture du cardia.

Notons enfin la curieuse homonymie entre Métis et le « métissage », du latin *mixtus*, qui signifie « mélangé ». L'estomac métisse les aliments en les mélangeant. Socialement,

---

[43] Linda Gandolfi et René Gandolfi, *La maladie, le mythe et symbole*, éditions du Rocher.

on parlerait du panachage des musiques, des cultures, des courants littéraires, des modes et des arts. Participer activement au métissage du monde, n'est-ce pas déjà un moyen d'avancer vers son « grand œuvre » ?

La tradition astrologique associe la Lune et le signe du Cancer à l'estomac. Les praticiens auront reconnu sans peine les caractéristiques de ce signe. Le symbole de la Lune est un réceptacle ouvert sur l'infini, le glyphe du Cancer ressemble à un œuf où se concocte la naissance à soi-même et, plus tard, au dieu intérieur. En revanche, il semble que la littérature astrologique ait peu remarqué l'intense travail critique des sucs gastriques qui, lorsqu'ils débordent de l'estomac, se transforment en médisance (en haut) et en autocritique dévalorisante pouvant conduire à l'ulcère. Pas plus qu'ils n'ont noté l'importance du travail de deuil et la fascination pour la mort, généralement « rejetés » dans le signe du Scorpion, mais si présents dans le mythe de Narcisse. Enfin, Saturne/Cronos a un rôle essentiel, puisqu'il est le dieu de la maturation intérieure dans l'estomac.

L'estomac symbolique est une bulle de conscience fermée par deux portes. Dans l'involution, son travail tourne autour de l'élaboration du moi. Ses questions seront : Suis-je en sécurité là où je vis, ou est-ce que je m'enferme dans une alcôve, un ventre, pour me protéger du réel et rêver ? Est-ce que je ne juge pas trop sévèrement mes supposées incapacités ? Est-ce que j'accepte d'être semblable à un fœtus : dans un processus de croissance rapide et sans fin ? Est-ce que je cherche à être comblé(e) en absorbant les nourritures matérielles, affectives et intellectuelles dans un environnement qui serait mon lait et mon dû ? Est-ce que je m'émerveille de transformer la réalité objective en images poétiques subjectives, puis ces images en œuvres objectives ?

Dans l'évolution, l'estomac est contraint à des « renvois », à avoir confiance dans sa capacité de production spontanée. Les questions seront alors relatives à l'œuvre, à ce qui est donné plutôt qu'à ce qui est espéré. Peut-être, alors, l'homme sera-t-il estomaqué par la beauté et la force de ce qu'il a produit *sans y penser*. L'estomac se place en effet *au-dessus* de l'intestin, il surplombe ce qui est « dans la tête » (*in testus*), le savoir passe en dessous du niveau de la conscience ordinaire et alimente le processus de création sans jamais le freiner. Ceci est vrai dans le mouvement ascensionnel qui va des pieds vers la tête. Dans la descente, l'estomac *précède* l'intestin. Les nourritures matérielles, sensuelles, affectives et mentales sont assimilées, digérées puis mises en bouillie pour développer *ensuite* une pensée personnelle dans l'intestin.

Mythopathologies

Les pathologies de l'estomac sont liées à une dépendance maternelle, à la femme ou à la mère, ou encore à une addiction aux drogues douces comme le tabac et le hachich. Pour être précis, les effluves du tabac vont dans les poumons *via* la fumée et dans l'estomac par la médiation de la salive. Elles stimulent l'étage cardio-pulmonaire en augmentant la conscience de soi tout en apaisant les peurs « viscérales ». Fumer conforte la conscience du moi et donne l'impression d'être plus efficace. Ces substances chimiques favorisent la construction artificielle du sujet. Derrière ce rideau de fumée persistent le refus de souffrir, de s'ouvrir à sa vulnérabilité, et le rêve nostalgique d'un monde parfait dont le premier souvenir est la relation fusionnelle avec la mère. La femme est perçue comme une mère toute-puissante qui devrait répondre *à tous* les besoins. Angoissée devant les angularités du réel, la personne s'enferme dans son estomac pour rêver. Le corps, faute de mieux, envoie des signaux pathologiques pour symboliser ce dysfonctionnement. *Le mérycisme,* qui est le retour dans la bouche d'aliments ingurgités dans l'estomac, manifeste exactement le drame de Cronos qui vomit ses « enfants ». *L'autodigestion,* qui se caractérise par la digestion de l'estomac et du tube digestif en général, signale une absence de symbolisation, une difficulté à se différencier du monde extérieur. *Le météorisme*, c'est-à-dire l'accumulation de gaz dans l'estomac, révèle que la pensée (l'Air) encombre le ressenti au risque de perturber le contact direct avec soi-même. Il faudrait apprendre à vivre simplement le réel plutôt que de chercher sans cesse à le comprendre. *Le cardiospasme* se caractérise par un rétrécissement du cardia. Des spasmes empêchent le passage des aliments de l'œsophage vers l'estomac. Il faudrait s'interroger sur sa capacité à se laisser toucher par le monde extérieur et son désir de rester « dans sa bulle ». *L'hyperpéristaltisme* désigne l'exagération du péristaltisme, c'est-à-dire des mouvements du tube digestif qui font progresser le bol alimentaire. La volonté prime sur le ressenti. Peut-être est-il temps de lâcher prise et de renoncer à vouloir à tout prix élaborer une image de soi irréelle. *L'ulcère* est remarquablement décrit par A. Gandolfier[44] :

> « L'estomac s'enflamme quand le moi ne trouve pas son compte dans cet acte de manger l'autre, de le toucher aussi. Dans l'ulcère, l'être n'accepte pas la frustration du partage relationnel. Le sac stomacal est le trou par lequel le réel fait appel à la nourriture venant en lieu et place de cette réalité. D'où la pathologie de la perforation qui est ouverture sur le non-moi car la réalité ne peut pas être symbolisée suite à un événement dramatique. »

Et *la toxicomanie :* lorsqu'une personne consomme des drogues hallucinogènes, elle s'enferme dans son estomac pour rêver. Elle tente de devenir *l'héroïne* de son monde intérieur dans le vase clos de son imaginaire.

D'autres pathologies de l'estomac sont générées par un excès d'acidité. Le viscère lyse, découpe en milliers de minuscules éléments les nourritures pour construire le moi. Lorsque l'acide prédomine de manière anormale, l'autocritique tourmente la personne. À moins que cette critique ne se projette sur ses compagnons, signe visible de la faiblesse d'un « moi » qui cherche à briser le monde extérieur pour mieux s'en protéger.

---

[44] Linda Gandolfi et René Gandolfi, *La maladie, le mythe et le symbole,* éditions du Rocher.

En découpant les pensées et scrutant les attitudes de son entourage en petits morceaux sans jamais les recevoir dans leur globalité, le sujet fragile se place en posture de toute-puissance (« j'ai toujours raison ») et refuse de se laisser toucher par l'intégralité de l'autre et de son mystère. Critiquer renforce l'estomac et satisfait un moi faible qui affirme désespérément une perfection imaginaire ! Le censeur joue alors le rôle de Cronos, qui a peur de se laisser détrôner, de perdre sa toute-puissance, c'est un père qui critique ses enfants et les enferme dans la nuit de son ventre, les empêchant ainsi de naître en devenant eux-mêmes. Ce n'est pas encore un citoyen capable de dire « Je », ni un écologiste au cœur débordant de gratitude face aux merveilles du vivant.

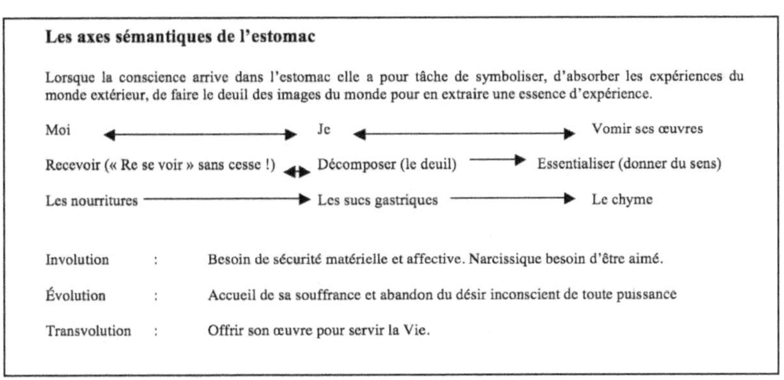

L'estomac symbolique devrait veiller à ce que ses deux ouvertures, le cardia et le pylore, accomplissent leurs fonctions. Le sujet se construit dans la digestion, c'est-à-dire dans la symbolisation. Longtemps il se remplit et espère une plénitude. Lorsque ses multiples expériences sont enfin métabolisées en une série de douze valeurs essentielles, la porte du pylore s'ouvre. La conscience accède aux systèmes symboliques duodécimaux comme le zodiaque, les Apôtres ou les Travaux d'Hercule, signés dans l'étymologie de « duodénum ». Plus tard, une nouvelle étape sera franchie : le vomissement de l'œuvre par le « cardia », lorsque le sujet réalise que l'altérité est la condition de son épanouissement créatif.

Le duodénum

Devenir « neutre »

Étymologie et expressions

« Duodénum » se traduit par « douze doigts ». Cette appellation est justifiée par la taille approximative de l'organe, égale à la largeur de douze doigts accolés. Mais pourquoi des doigts ?

La langue euphonique des oiseaux entend « du haut dénomme » et « duo dénomme » : « donner un nom à partir du haut » grâce à « deux voix qui se répondent harmonieusement (duo) ».

Biologie

Le duodénum prolonge donc l'estomac après la porte du pylore. C'est le seul segment fixe de l'intestin grêle. Le reste est mobile, avec une activité péristaltique incessante. Il reçoit précisément un duo d'informations contraires qui vont se neutraliser, s'harmoniser en quelque sorte : les sucs pancréatiques, très alcalins, rencontrent les sécrétions gastriques, très acides, afin de produire un milieu neutre. C'est au sein de cet équilibre acido-basique que la digestion se poursuit et que les graisses deviennent solubles. La suite du tube digestif, jéjunum et iléon, ne s'occupera que de l'assimilation. Il faut donc traiter isolément cette partie de l'intestin où se concocte l'équilibre entre les acides et les bases.

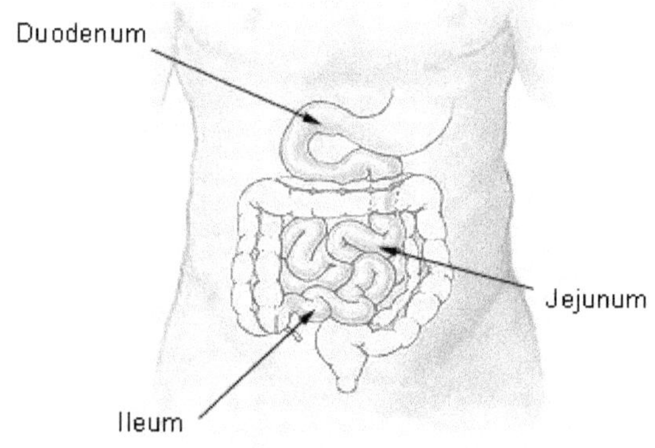

Le duodénum, situé entre l'estomac et l'intestin (source : Wikipedia)

Que suggère la lecture symbolique ? Que désigne l'équilibre acido-basique ?

Nous avons déjà exploré le symbolisme de l'acide présent dans l'estomac en soulignant son sens critique, si nécessaire à l'élaboration du sujet. « Acide » vient du latin *acidus*, qui veut dire « aigre », un terme également utilisé pour désigner le caractère mordant, âpre, acerbe, d'une personne. Aigre, acide et acerbe désignent donc à la fois un goût particulier et un comportement jugé désagréable. Ces excès de l'estomac conduisent à l'autocritique, à la perte de confiance en soi et à l'inhibition de l'œuvre en gestation. Néanmoins, la qualité de l'acide est la précision. Et il en faut pour transformer les nourritures extérieures en détails protéinés et en centre de conscience autonome et *différentié* sur le plan psychologique !

146

Arrivé à l'orée du duodénum, le temps est venu de corriger les excès liés aux comportements acides. Il s'agit, plus exactement, de les équilibrer avec une autre vision du monde : celle des « bases » synthétisées par le pancréas et déversées dans le duodénum.

L'acide s'occupe du détail et du local, c'est le chantre de l'anecdote. Les « bases » se réfèrent aux principes fondamentaux des systèmes abstraits. Elles parlent du global et de ses grandes lignes de force. Le terme « base » désignait à l'origine « l'action de marcher » puis, par extension, « ce sur quoi l'on marche[45] ». Celles-ci fonctionnent sur les différents niveaux de réalité. Une personne de bon sens pourra être « basique », terre-à-terre ; un physicien posera les bases théoriques et abstraites d'un nouveau modèle d'univers et un métaphysicien décrira le réel à partir « d'en haut » en se fondant sur quelques principes essentiels : ses fondamentaux, ses « bases ».

Le duodénum recueille donc un duo de forces contraires. Et leur mariage génère une « solution neutre ». La « neutralité » n'est pas l'indifférence mortelle d'un sujet qui refuserait toute implication et se ravalerait ainsi au rang d'une machine, puisque tout lien *subjectif* serait éteint. La neutralité du duodénum consiste à réconcilier le sens du détail avec la vision globale, les acides avec les bases. Exactitude des choses fines et vision d'ensemble deviennent inséparables dans la conscience du duodénum. Alors le réel se révèle à la fois *précis et sensé*. *Précis* grâce à la différenciation de ses parties constitutives et *sensé* lorsque celles-ci sont recontextualisées. Le moi séparé et différencié (l'estomac) noue une alliance avec le tout foisonnant *(cf.* le pancréas). Il se positionne en observateur « neutre » capable de voir les situations contraires sans jamais les juger. Alors ce « duo dénomme » chaque expérience pour ce qu'elle est. Les choses et les êtres sont décryptés dans leur

---

[45] http://www.lexilogos.com/francais_langue_dictionnaires.htm

nature précise *et* en fonction de leur rôle au sein d'un contexte plus vaste.

Les chimistes ont un autre mot pour désigner un milieu neutre : une « solution tampon ». Celle-ci est capable d'absorber des quantités raisonnables d'acides et de bases avec des variations très faibles de son pH. L'inconscient de la langue française a curieusement repris ce terme pour former l'expression « je m'en tamponne », qui désigne précisément un état de neutralité, avec toute sa gamme ambiguë, depuis le retrait égocentrique des affaires du monde jusqu'à la « divine indifférence » de l'observateur capable de tout accueillir… et d'offrir les mots d'une solution stable pour résoudre les situations les plus complexes. Pour « nommer », il faut donc être « neutre ». Et la neutralité implique une posture intérieure qui marie la perception globale des quelques fondamentaux à l'œuvre dans un système avec l'analyse détaillée d'une question précise. Il ne s'agit plus de « prendre parti », de choisir une partie du tout, mais de considérer l'ensemble sans jamais privilégier aucune direction. La première fonction d'un duodénum sur la voie de l'évolution sera donc de développer le non-jugement, d'accepter sans restriction « ce qui est » sans essayer de le changer. Dans cette partie du corps, les engagements militants prennent fin, car tous les points de vue, même les plus contradictoires, méritent considération.

Cette idée de neutralité est accentuée par la couleur blanche du chyme, la pâte alimentaire qui se déverse depuis l'estomac dans le duodénum. Sous l'effet des sucs pancréatiques apparaissent à sa surface des filaments lactescents que l'on appelle le « chyle », une « humeur » (du grec *chulos*) sans teinte devenue enfin « trans-lucide » ! La neutralité permet au duodénum d'assimiler les graisses. La posture intérieure de la divine indifférence libère le moi de ses derniers combats et le rend disponible pour recevoir l'huile de l'onction, le lipide de la protection et de l'amour inconditionnel. C'est une préparation à l'ouverture du cœur.

Les chimistes savent encore que le produit de la réaction acide + base donne du sel et de l'eau. La neutralité qui reconnaît le rôle de la critique (acide) tout en reconnaissant la présence du mystère (bases) conduit vers un état de conscience incorruptible (le sel) qui reste infiniment sensible à son environnement (l'eau). Une personne authentiquement « neutre », sur le chemin de la transvolution, a accompli cette tâche difficile qui consiste à reconnaître la légitimité de tous les contraires sans se laisser « corrompre » par les forces partisanes, mais en restant disponible à toutes.

N'est-ce pas cela « devenir le sel de la terre » ? Celui qui reste ouvert au centre des contraires, sans jamais céder ni à l'isolement ni au parti pris, n'est-il pas comme la blancheur du sel, incorruptible et pur ?

Or ce processus de conquête de la divine indifférence prend place dans un espace intérieur nommé les « douze doigts ». Les doigts représentent les voies d'accomplissement du destin. Chacun d'eux est une Parole en acte qui affirme « tu dois ! » Divers systèmes philosophiques ont formulé cela à leur manière : le christianisme s'est épanoui autour des 12 apôtres ; le judaïsme naquit des 12 tribus d'Israël ; l'islam fonde sa doctrine sur les 12 imams ; la Grèce antique proposa le modèle des 12 Travaux d'Hercule comme chemin initiatique ; la gnose occidentale évoque les 12 signes du zodiaque ; les cendres d'une cellule biologique contiennent les 12 sels de Schussler ; le système musical occidental comprend autant de demi-tons… D'une manière générale, le « douze » désigne ce qui est achevé, ce qui forme un tout, un ensemble harmonieux et complet. Il marque symboliquement la plénitude, l'achèvement d'une chose ou d'une doctrine. La structure de la matière n'échappe pas à cette « règle », puisqu'elle se compose de 12 particules fondamentales.

« Révéler le douze » est la mission symbolique du duodénum, une utile préparation à la remontée de la conscience vers le cœur, qui sera une invitation à « vivre le douze ».

Mythopathologies

D'une manière générale, les pathologies du duodénum suggèrent une disharmonie entre acide et base. L'excès d'acidité désigne un esprit critique trop occupé à se protéger du monde extérieur ; la prépondérance des bases trahit une pensée philosophique abstraite, incapable de s'incarner dans des vérifications expérimentales. Mais le duodénum peut aussi s'enfermer dans la tyrannie de la pureté et l'illusion de la blancheur. Le rêve d'un espace neutre signe la fuite de l'engagement dans le monde en se réfugiant dans un paradis de pureté. La personne privilégie alors le retrait du monde au nom d'un idéal spirituel qui voile sa peur de l'impur, de l'ombre et de toute forme d'imperfection. Une fausse indifférence fondée sur la peur de vivre et de s'engager dans le rouge-passion du sang !

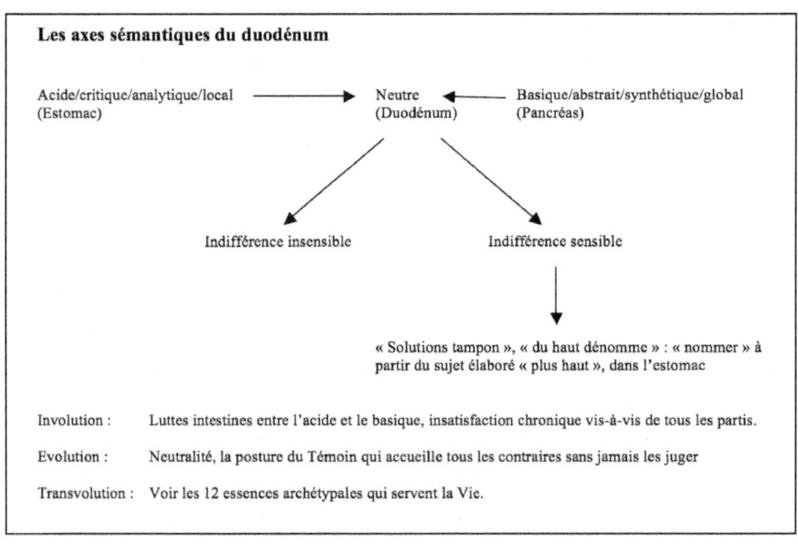

Les intestins

L'intelligence viscérale

Étymologie et expressions

Bien avant que la médecine moderne ne découvre les deux cents millions de neurones qui tapissent le pourtour de l'intestin, la sagesse populaire avait deviné ce secret, puisque l'organe se nomme précisément *in testus*, « dans la tête ». Qualifié parfois de « deuxième cerveau[46] », l'intestin gère un processus biologique extrêmement complexe : la digestion.

La « D'I gestion » consiste symboliquement à développer une bonne gestion des informations « nées (D) de l'intuition (I) pour les rendre utiles à l'organisme (gestion).

Les « entrailles » et les « tripes » évoquent les intestins de deux manières contraires et complémentaires. Les « entrailles » suggèrent une souffrance (entaille) au milieu des « enfers » de la putréfaction. Les « tripes », anagramme d'« esprit », rappellent que le ventre est un espace sacré. « Dieu » et « Diable » cohabitent dans les tréfonds du système intestinal.

---

[46] Michael Gershon, *The second brain*, HarperCollins Book.

La « panse[47] » du bas est en relation physiologique avec la « pense » du haut par la médiation du nerf vague. La magie du langage retourne si simplement le « a » en « e » pour évoquer les deux cerveaux ! Mais ceux-ci, lus symboliquement, ne s'occupent pas de la « pensée » de manière identique. *Le premier, en bas, rumine ; le second, en haut, réfléchit.* Ruminer revient à imiter le mouvement péristaltique des intestins : à répéter sans cesse les mêmes topiques pour mieux les absorber, avant de les distribuer dans le sang et alimenter le moi psychique. « Réfléchir » imite la réflexion de la lumière sur un miroir, le tout dans une profonde attitude de génuflexion mentale (re-fléchir), en accueillant l'inconnu, l'incertitude et, surtout, la pression de la lumière. Toute pensée répétitive, ruminée, qui conforte le « moi » dans ses valeurs appartient à la sphère symbolique des intestins ; toute pensée ouverte sur l'inconnu, qui produit un rai de connaissance illuminant un instant l'obscurité du monde, relève d'une impulsion du cerveau du haut.

Un intestin symbolique qui fonctionne normalement possède une intelligence viscérale, un savoir instinctif. Il « sait » exactement ce qui est juste pour la personne, les expériences assimilables et profitables, les « aliments » dont elle a besoin et ceux dont elle devrait se méfier. Écouter les sensations de ses tripes, c'est faire confiance en l'intelligence du vivant qui guide nos choix et nos décisions. Le désir qui titille au creux du ventre confirme des promesses ; la peur qui noue les intestins prévient des dangers.

L'intestin est divisé en quatre parties :

Le duodénum qui continue la digestion en révélant la présence des graisses blanches, ce premier contact conscient avec la présence du sacré. Le jéjunum et l'iléum s'occupent de l'assimilation. Ils rappellent que toute expérience humaine

---

[47] La panse des ruminants désigne la première poche qui reçoit les aliments, elle joue à la fois le rôle de l'estomac et des intestins dans la mesure où s'y activent les micro-organismes qui fermentent les nourritures.

devrait être nommée (j'ai j'eu nomme) puis mise à distance, objectivée et séparée de soi (île et homme). La dernière partie de l'intestin, le côlon, s'occupe de la fermentation avec l'aide de la flore bactérienne. Celle-ci est fortement impliquée dans la bonne santé du système immunitaire : le temps est venu de coopérer avec un grand nombre de cellules étrangères. N'est-ce pas cela une « colonisation » réussie ?

La vie intérieure (lat. *intestinus*, « intérieur ») atteint son apogée dans les intestins… non sans déchirements ni querelles dites « intestines[48] ». Ces divisions ne prennent fin que lorsque « l'homme et la femme des intestins » acceptent de s'ouvrir sans condition à la Présence du cœur. La lyre fabriquée par Hermès au moyen de boyaux de bœuf fut, en effet, donnée ensuite au dieu du cœur : Apollon.

La langue des oiseaux entend encore « Un test Un » et désigne cette partie du corps comme un lieu de sélection des « compétences » : les nourritures absorbées sont-elles « compétentes » pour nourrir le corps et l'esprit, le sujet est-il lui-même à la hauteur des tâches qui lui sont assignées ?

Biologie
Avec leurs innombrables replis, les intestins mesurent environ 7 mètres. Étalées, les nombreuses couches de la muqueuse rempliraient la surface de deux courts de tennis, soit environ 400 mètres carrés. C'est la plus grande surface continue du corps. La muqueuse se renouvelle entièrement toutes les trois semaines. Elle part du duodénum, un peu au-dessus du nombril, s'enroule sur elle-même dans une région centrée sur celui-ci, et se termine en bas et à droite de l'abdomen.

Dans le processus qui échoit à l'ensemble du système digestif, la tâche qui consiste à élaborer un intérieur à partir des

---

[48] « Il y a, en nous, la destinée de l'âme et la destinée du corps. Le corps tire de son côté, l'âme ailleurs ; c'est une lutte intestine. » Barrès, *Cahiers*, t. 5, 1907, p. 195.

informations reçues de l'extérieur, l'estomac répond par un accroissement de son volume. Le « moi » cherche son espace, sa *maison* devient un *foyer* habité par un « sujet ». Les intestins, quant à eux, répondent par la longueur. Les aliments-expériences lysés par l'esprit critique de l'estomac entrent à présent dans la temporalité. Le chyme voyage en moyenne six heures dans l'intestin grêle, puis encore quatorze autres heures dans le côlon. Les intestins ont donc besoin de temps pour absorber une nourriture, une idée, une expérience, une pensée. Lorsque la conscience passe dans l'intestin symbolique, elle rumine patiemment les expériences du monde reçues de plein fouet dans l'estomac. Le cerveau et les intestins accomplissent des fonctions analogues en séparant le bon grain de l'ivraie (en bas) et la vérité de l'erreur (en haut). *La justesse* sera donc la grande affaire de cette partie du corps qui a pour mission d'adapter les nourritures matérielles, affectives et intellectuelles, venant du monde extérieur, aux besoins de l'organisme. Si l'« organisme » est une théorie scientifique, la raison et l'intuition mathématique aideront à ce travail ; si l'« organisme » est une famille, la « conscience des intestins » s'efforcera de pourvoir à ses besoins matériels, affectifs et spirituels à l'aide de ce curieux mélange de viscéralité et de rationalité. C'est, étrangement, un « viscère rationnel » placé dans un monde d'Eau qui promeut *instinctivement* la raison.

Description des intestins, extrait de *De Dissectione partium corporis* par Charles Estienne (1545). Source : <u>Gallica</u> (Bibliothèque nationale de France)

Par l'intermédiaire du nerf vague, le cerveau et les intestins dialoguent sans cesse. On sait par ailleurs que les innombrables neurones répartis autour de ce long tube contrôlent son fonctionnement. Toute pensée pratique, utile, analytique, relève du symbolisme des intestins. Ces neurones, en effet, s'occupent de la digestion ! De la « gestion » des affaires personnelles en relation avec la pensée du cerveau et les besoins de sécurité du foie. Car les intestins ne se contentent pas de dialoguer avec le cerveau *via* le nerf vague, ils développent aussi une relation privilégiée avec le foie par la médiation de la veine porte. 80 % des nutriments sont directement dirigés des intestins vers le foie. Le reste part dans la circulation sanguine. Le tube digestif est donc au centre de trois systèmes : immunitaire par le microbiote ; sanguin par la veine porte et les capillaires ; nerveux par la relation directe au cerveau. Le ventre est ainsi au cœur des trois modes d'expansion du sujet né dans l'estomac. Il l'aide à prendre toute sa place (foie/sang), à se positionner par rapport aux autres (flore intestinale) et à penser son environnement (cerveau).

L'estomac reçoit les aliments malaxés dans la cavité buccale. Ceux-ci sont encore mal dégrossis. Sa tâche consiste à traiter les événements surgissant du monde extérieur, à détruire leurs formes pour n'en conserver que leurs essences, à abandonner la mémoire des choses pour ne garder que les impressions psychiques nées de leurs souvenirs. Puis le duodénum se détache totalement des formes et des impressions pour devenir neutre et *observer* les essences. Les intestins utilisent à leur tour ce pouvoir d'observation pour trier l'utile de l'inutile et redistribuer ce qui doit l'être dans trois grands systèmes corporels : immunitaire, sanguin et nerveux. Il se protège (immunitaire), s'affirme (sanguin) et acquiert des informations (système nerveux). Du point de vue symbolique, le système immunitaire maintient une séparation entre le moi et le non-moi ; le système sanguin étend l'influence du sujet sur un vaste territoire et amplifie ses possibilités ; quant au système nerveux, il transmet l'impulsion électrique, c'est-à-dire le désir de lumière, de connaissance.

Environ cent mille milliards de bactéries, soit deux kilos, tapissent le tube digestif et échangent avec lui des éléments nutritifs. Arrivées dans le côlon, les substances restées dans l'intestin grêle rencontrent un nouveau monde biologique autonome qui leur est totalement étranger : la flore intestinale. On aurait tort de sous-estimer son importance puisque le microbiote contient dix fois plus de cellules que l'ensemble du corps humain ! C'est donc avec une véritable population nouvelle que le « colon » apprend à collaborer. Arrivé à ce point du processus, l'équilibre de l'intestin dépend de sa capacité à se faire beaucoup d'amis. Or qui dit équilibre dit santé. Il semble en effet qu'un grand nombre de pathologies soient en relation avec un dysfonctionnement des intestins et de sa flore bactérienne. Celle-ci joue un rôle essentiel dans la stimulation du système immunitaire qui protège des infections, des dépressions ainsi que d'autres pathologies comme le stress, l'obésité, l'arthrite ou la maladie de Parkinson. La santé du corps commence par les intestins[49]. Suivre l'analogie nous conduirait vers de longs développements sur la colonisation et ses conséquences dans les conflits internationaux, ces « pathologies » collectives…

L'intestin symbolique, qui déteste être dérangé, tourne autour des thématiques suivantes : la pensée, la santé et la communication avec autrui. Pour avancer dans son activité, il a besoin de vivre sur un rythme régulier (le mouvement péristaltique) et lent (le temps de la digestion). Il trie et analyse sans cesse ses expériences afin de mieux les digérer. Toutes ces caractéristiques psychologiques se portent magnifiquement lorsque « l'homme et la femme de l'intestin » sont en contact avec leur féminin, puisque le ventre représente symboliquement le lieu de la naissance, une prérogative des entrailles des grandes déesses. D'une manière générale, les viscères creux comme l'estomac, la vésicule biliaire, le duodénum et les

---

[49] Dr Louis Berthelot, Dr Jacqueline Warnet, *Les secrets de l'intestin, filtre de notre corps*, éditions Albin Michel.

intestins interrogent la relation de la personne à l'ouverture, la réceptivité, l'accumulation, l'intégration et la métamorphose du vivant. Leur dysfonctionnement signe une difficulté *d'acceptation et de réceptivité*. Inversement, les viscères pleins comme le foie, les reins, la rate et le pancréas sont émissifs et de nature symbolique masculine. Leur dysfonctionnement suggère un blocage dans *l'expression* de projets personnels (le foie), des amours contrariées (les reins), une créativité refoulée (le pancréas) et une perte de sens dans sa vie (la rate).

Viscère creux, l'intestin participe à l'univers du féminin. Avec l'estomac, il dessine curieusement l'image d'un cobra, l'un des emblèmes clés de la Grande Déesse que les patriarcats indo-européen, juif puis chrétien réduisirent sous leur domination. Alors la « pense » du haut prit le contrôle de la panse du bas, cette intelligence viscérale qui effraie tant le monde masculin. Dans le processus d'évolution qui se dirige des pieds vers la tête, l'intestin est le lieu corporel où le désir sexuel (serpent) se transforme en besoin de comprendre (*in testus*).

Le moment est venu d'interroger les mythes où apparaissent le serpent, la descente dans les entrailles de la Terre et la putréfaction.

Mythologies
La morphologie du système génital féminin est remarquablement signée par le buste du bélier. Ce mammifère, sacrifié sur l'autel du sacrum, ressuscite en effet dans le chaudron merveilleux (le *pelvis minor*). L'interprétation qui consiste à croire que les symboles expriment des choses aussi élémentaires que des forces de la nature, une naissance ou des guerres entre tribus est contraire à la nature même du symbole. Celui-ci a pour fonction de rendre visible l'invisible, il évoque des choses cachées à la vue immédiate comme à l'entendement rationnel. Le sacrifice des animaux cornus produit des abeilles, parfois des papillons. Marija Gimbuta a montré que la civilisation du Néolithique, très familière avec la Grande

Déesse, associait sur de nombreuses sculptures la tête du taureau avec les pictogrammes de l'abeille et du papillon[50], deux symboles de l'éveil de l'âme. La tradition grecque en a conservé le souvenir dans les mythes où il est question de descentes aux enfers, de taureaux sacrifiés, d'abeilles, de serpents et de labyrinthes, ces symboles corporels de l'utérus et du système intestinal.

Mélissa, née sans mère

Un jour, les chèvres d'Aristée moururent mystérieusement. Profondément affligé, le fils d'Apollon prit rendez-vous avec un devin pour comprendre sa situation. L'homme qui interprète les signes expliqua que ce châtiment lui était imposé en expiation de la mort d'Eurydice, la célèbre fiancée d'Orphée. Aristée fut en effet celui qui déclencha toute l'affaire. Le jour du mariage, l'homme ne trouva rien de mieux que de tenter de séduire Eurydice. La jolie nymphe s'enfuit aussitôt mais, dans son échappée belle, elle fut piquée au talon par un serpent. Alors le Monde-du-Dessous s'ouvrit pour recevoir son âme. C'est ainsi qu'Orphée perdit sa bien-aimée. Conscient de son irréparable bévue, Aristée revint auprès de sa mère et lui demanda conseil. Cyrène enjoignit à son fils d'élever quatre autels dans la forêt pour honorer les dryades, les compagnes d'Eurydice, et d'y sacrifier quatre jeunes taureaux et autant de génisses. Il devrait revenir sur les lieux neuf jours plus tard avec quelques présents. Il fut fait comme il fut dit. À son arrivée, Aristée vit un essaim d'abeilles s'élever des entrailles des cadavres pourrissants. Il s'empara aussitôt des butineuses et les installa dans une ruche. Depuis ce jour, les gens de la région le considèrent comme l'égal de Zeus, car il leur a enseigné le moyen de faire naître des essaims d'abeilles, ces sociétés matriarcales entièrement dévouées au service à la reine.

La blessure au pied produisit ce miracle : la naissance des abeilles. L'astrologue y verra aisément la complémentarité de

---

[50] Marija Gimbutas, *Le langage de la déesse*, éditions Des femmes.

l'axe Poissons (les pieds) / Vierge (les intestins). L'éros (le talon), descendu dans les tréfonds de l'expérience intérieure (les entrailles), se métamorphose en un essaim d'abeilles, c'est-à-dire en une première émergence de l'âme sensible à la lumière du soleil, à la présence du Soi.

Les abeilles naissent du labyrinthe intestinal des taureaux sacrifiés en réparation de l'outrage subi par Eurydice, l'âme d'Orphée descendue dans les entrailles de la Terre ! L'essaim métaphorise la renaissance d'Eurydice après son passage initiatique dans le ventre de la Grande Déesse. C'est l'âme, morte à ses attachements, prête à vivre l'humble puissance de la splendeur du féminin.

Dans le symbolisme chrétien, Jésus, né des entrailles de Marie, une autre figure de la Grande Déesse, est parfois représenté par une abeille. Les Carolingiens, sensibles au sens des symboles, en firent l'emblème de leur royauté. Les butineuses au corps strié de noir et de jaune marient l'ombre avec la lumière, la vie ordinaire avec la vie divine. Le féminin accompli réalise alors ce pour quoi il est fait : un médiateur entre l'Esprit et la Matière, entre Dieu et le monde, entre l'extraordinaire et l'ordinaire. Le féminin du ventre ne sépare pas la spiritualité d'avec la jouissance, car il sait que tous deux procèdent d'une même extase. Mais la descente aux enfers et le démembrement psychique sont deux étapes nécessaires pour révéler l'éternel féminin.

La Grèce archaïque nous a offert une autre histoire d'abeille, de taureau et de labyrinthe. En ces époques reculées, Minos régnait sur l'île de Crète. Depuis sa capitale, Cnossos, il ordonna à son architecte Dédale de construire un palais-labyrinthe pour cacher la honte de sa vie. Sa femme, Pasiphaé, avait en effet commis un « adultère » avec le magnifique taureau blanc offert par Poséidon. De cette union contre nature naquit le célèbre et dangereux Minotaure mangeur de chair humaine, un hybride à tête d'homme surmontant un corps de bovin. Dédale profita de cette commande pour orner le palais royal avec des effigies d'abeilles… et, beaucoup plus tard, l'ingénieur inventera le vol aérien pour s'échapper de la prison–labyrinthe où il fut enfermé à son tour, en soudant des plumes à son corps à l'aide de fines pointes de cire. Sans entrer dans les détails de l'interprétation, cette histoire reprend des éléments du ventre biologique : le labyrinthe intestinal, le désir de connaissance des intestins, puisque Cnossos a donné le mot « gnose », et l'abeille, cet attribut de la Grande Déesse. Ajoutons que la demeure royale de Minos est parfois appelée « le palais de la double hache », une image déjà connue dans le monde néolithique et que Marija Gimbutas interprète également comme un papillon stylisé. La psyché (*psyché*, « papillon ») subit la métamorphose et le démembrement dans le cocon-labyrinthe pour pouvoir déployer ses ailes chatoyantes. Plus tard, Dédale et son fils, Icare, imiteront l'abeille en s'envolant dans l'azur. Ils se libéreront du ventre-labyrinthe maternel avec l'ambition démesurée de côtoyer le soleil du Soi. Les deux images parlent d'une génération spontanée, c'est-à-dire *d'une naissance à soi-même sans mère.*

Dans son analyse des symboles Georges Romey arrive à des conclusions similaires[51] :

> « L'abeille n'est pas étrangère au monde obscur des enlisements névrotiques dans la ténèbre maternelle. Mélissa est-elle l'une des expressions les plus convaincantes de la transcendance, de la purification, ou dénonce-t-elle plus simplement un réflexe de refuge dans la sublimation ? Elle semble si proche à la fois de la putréfaction et de la glorieuse lumière solaire ! Bien des productions imaginaires laissent entrevoir que l'insecte d'or pourrait renvoyer au moment de l'enfance où s'est réalisée une inversion de l'œdipe. »

Si le ventre est bien le lieu de la naissance d'une psyché autonome, les mythes nous content la meilleure manière de procéder pour accomplir cette grande et nécessaire métamorphose qui passe de la conscience à la conscience de soi. Hermès, le dieu de l'intelligence, joue un rôle important dans l'*in testus* puisque, à peine né, le premier acte de petit dieu

---

[51] Georges Romey, *Encyclopédie de la symbolique des rêves*, éditions Quintessence.

sera de voler les bœufs d'Apollon, d'en sacrifier deux spécimens, puis de prélever leurs boyaux (les intestins) pour fabriquer la première lyre à trois cordes de l'histoire mythique. L'instrument de musique passera ensuite entre les mains d'Apollon avant d'être confié à Orphée.

Hermès est semblable à l'abeille, toujours entre l'ombre et la lumière, entre mensonge et vérité, pétri de contradictions. Il naquit dans l'obscurité d'une grotte et, le même jour, spolia de son troupeau la divinité de la clarté en lui affirmant, bien sûr, qu'il n'y était absolument pour rien ! Dissimulation et vérité forment un deuxième couple de contraires. Faut-il, avec Nietzsche, considérer que « toute vérité est une erreur en sursis » et se demander si, un jour, la vérité l'emporte, « quelle puissante erreur a combattu pour elle » ? Ou, au contraire, suivre l'esprit des religions qui impose de dire « toute la vérité » ? L'expérience intérieure montre en effet que le moindre mensonge tisse aussitôt un voile d'obscurité qui empêche le rayonnement de la lumière du cœur. En d'autres termes, mentir éloigne de soi-même. Pourtant, Hermès suggère que la vérité et le mensonge sont inséparables. Heureusement ! Car une vérité plus profonde pourra toujours ravaler au rang de mensonge la certitude précédente, plus superficielle. Cette souplesse avec la « vérité » caractérise la personnalité qui s'identifie à Hermès. Elle accompagne sa quête de connaissance. La troisième contradiction qui anime la vie du dieu est symbolisée par la fabrication d'un instrument à cordes puis d'un instrument à vent : la lyre puis la flûte. Il est capable de résonance par la corde comme d'inspiration par le souffle. Parfois, il rebondit avec vivacité sur les paroles d'autrui, résonant en écho pour mieux formuler ses pensées ; d'autres fois, il suit sans discontinuer son inspiration et surprend son auditoire par ses traits de génie. Hermès mélange habilement les deux sources de la connaissance : l'observation de l'environnement et l'intuition, les échos lancés par les choses et le souffle inspiré qui dévoile leur cohérence secrète. Au début, il ne reconnaît pas clairement ces deux sources du savoir et tombe dans leurs extrêmes. Soit il cherche à tout rationaliser, même ses intuitions. C'est la figure du scientifique qui ne jure que par la démonstration et la clarté objective des concepts. Soit il prétend être comme la « flûte », inspiré par des messages venus de son inconscient ou encore des mondes invisibles. Il se rapproche alors de ce que nous connaissons aujourd'hui sous le terme de *channelling*. La tâche de la conscience arrivée à l'étape de l'intestin consiste à marier ces deux voies, la lyre et la flûte, au son desquelles dansent les particules, les hommes et les dieux. Car les intestins sont à la fois lyre et flûte, cordes pour le son et objets creux canalisant le flux des aliments. Hermès prépare le chemin d'Orphée, le chantre de l'harmonie qui, par sa mélodie secrète, attira à lui les arbres, les pierres, les animaux, et même Hadès, qu'il réussit à amadouer pour obtenir la libération de sa bien-aimée.

La pensée ambiguë des intestins a pour fonction de distinguer les contraires sans les séparer, afin de mieux les poser en résonance. Alors surgit la grande vague de vie qui recouvre tout. Alors la puissance du féminin (le Taureau) est « sacrifiée », il ne reste que son essence (les boyaux de la lyre) vivante et vibrante, l'âme résonnante de la Grande Déesse qui accueille tous les contraires.

Mythopathologies

Les maladies dues à un dysfonctionnement de l'intestin sont trop nombreuses pour être détaillées ici. Quatre causes seulement pourraient cependant en être à l'origine : la souffrance née d'un psychisme mal intégré dans son environnement immédiat (le microbiote et le système immunitaire) ; un manque de discrimination qui pousse la personne à accepter de vivre des expériences néfastes à son intégrité (l'hyperperméabilité intestinale) ; un intellect hyperactif qui ne prend pas le temps de digérer ses idées (relation au cerveau, le nerf vague) ; un retrait du psychisme dans un idéal de pureté qui entraîne une difficulté à prendre son espace (perturbation de la veine porte et de la relation au foie). La constipation marque un refus de lâcher prise, voire de l'avarice, par crainte d'abandonner, de s'abandonner. Son inverse, la diarrhée, « dit arrêt » lorsque les informations reçues par le cerveau du haut sont saturantes et ne peuvent plus être digérées par l'organisme. L'hygiène excessive et la peur des microbes appartiennent bien sûr à cette partie du corps très occupée à séparer le pur de l'impur, l'utile de l'inutile. Les déchets, vus depuis l'intestin, sont des ombres inacceptables et empoisonnantes. Il ignore encore la suite du processus corporel qui passe par le rectum, encore appelé « ampoule fécale » : *l'homme droit* (rectum[52]) réalise un jour que son ombre est une ressource, que ce qu'il déteste en lui (les matières fécales) est énergie lumineuse (l'ampoule) jusqu'alors enfermée, inconsciente, refusée. Tout cela se termine par l'anus, par une mise « à nus » de l'être dans la vérité de ce qu'il est, ses ombres comme sa clarté. Alors pourra commencer le grand processus d'élargissement de la conscience, symbolisé par la colonne vertébrale avec ses trente-trois vertèbres, ses trente-trois étapes d'élévation.

Les perturbations des intestins sont en relation avec les excès d'une intelligence viscérale qui a posé la raison comme le plus haut des instincts.

---

[52] Le terme latin *rectus* signifie « droit »... et la langue des oiseaux entend « rect-homme » : l'homme droit.

163

Les axes sémantiques des intestins

Pur	Impur	-> relation au cerveau, à la vérité et à l'erreur
Santé	Maladie	-> relation au microbiote et au système immunitaire
Coopération	Replis sur soi	-> microbiote et foie : trouver sa place dans l'organisme

Le ventre, avec ses viscères, dessine le lieu de l'accomplissement du féminin de l'être. C'est l'espace corporel où la Grande Déesse s'épanouit dans son humble puissance. Elle accueille, dans une même extase d'amour, la jouissance des sens et la jubilation de la Présence du sacré. La « pureté » du ventre, lui permet de recevoir la semence spirituelle afin de procéder à la naissance d'une psyché autonome, « sans mère ». Les intestins vérifient cette pureté. « Pureté » sur le plan de la pensée (relation au cerveau), de l'autonomie (relation au système immunitaire) et de l'échange (relation au foie par la veine… porte). Le « pur » ne pourra cependant s'accomplir qu'en acceptant de rencontrer son contraire : l'impur, la putréfaction, la « descente aux enfers » dans la profondeur obscure des entrailles et des déchets de l'ampoule fécale.

Involution :   séparer le bon grain de l'ivraie, la vérité de l'erreur, le juste de l'injuste.

Évolution :   « naître sans mère », se libérer du labyrinthe intestinal (l'inconscient maternel) et revenir vers soi.

Transvolution :   laisser s'épanouir le féminin de l'être, se relier à la Grande Déesse.

Intermède

Avec les intestins, nous achevons l'exploration du symbolisme
des trois viscères creux qui forment le tube digestif. Ils disent
les différentes manières d'élaborer un sujet sur le mode du
recevoir. Alors que les organes pleins comme la rate, les reins,
le foie et le pancréas parlent de sa manière de donner. Le sujet
se construit d'abord en acceptant des deuils successifs, en
reconnaissant que les formes extérieures doivent mourir pour le
nourrir en imprégnant sa conscience de fines et puissantes
traces. C'est le rôle de l'estomac qui lyse les aliments en
provenance du monde objectif. Puis vient le « duo-dénomme »
avec sa divine indifférence. Cette dernière naît de la capacité de
la personne à percevoir l'unité, la complémentarité et les
fécondes contradictions des essences. Elle comprend par
exemple qu'un compromis est *à la fois* une compromission et
une négociation, que la vie et la mort sont des processus
inséparables, que la parole et le sens oscillent sans cesse entre
vérité et mensonge. Celui qui perçoit l'extraordinaire ambiguïté
du réel ne juge plus. Il se contente d'observer et de reconnaître
le jeu malicieux des paradoxes. Idéalement, c'est à partir de

cette conscience-là que l'intestin commence son travail de tri entre l'impur et le pur. Comment est-ce possible ? En reconnaissant et en honorant ce qui est utile *pour soi*, en éliminant ce qui ne convient pas à ses besoins. L'intestin apprend à penser l'utile à l'aide de sa relation privilégiée avec le cerveau par le nerf vague.

Entrer dans le deuil, c'est mûrir un peu. Se poser dans la divine indifférence, c'est stabiliser et densifier une conscience fragile. Penser ce dont elle a vraiment besoin, c'est l'aider à s'élever encore.

Voyons à présent les voies d'expression du « moi » symbolisées par les viscères qui n'appartiennent pas au tube digestif. L'un d'eux est creux, la vésicule biliaire, les autres sont pleins.

La vésicule biliaire en voit de toutes les couleurs

Petit sac en forme de gourde, la vésicule biliaire se situe sous le foie. Elle stocke la bile sécrétée par son compagnon.

L'étymologie lui associe des sentiments violents. « Fiel », « bile », « atrabilaire », « bilieux », « cholère », « choléra » et « colère » procèdent en effet de la même source linguistique. L'ancien français « se biller » dénonce la fuite et a peut-être donné naissance à l'expression « reprendre ses billes ». L'anglais parle de l'humiliation due à une blessure d'amour-propre avec le double sens du mot *« gall »* (bile). *« Gallbladder »* (la vésicule biliaire) parle encore d'« effronterie » et de « culot ». Une blessure d'amour-propre suscite la colère rentrée ou une fuite honteuse pleine de rancune.

Les expressions françaises suggèrent deux axes sémantiques : la colère et la mélancolie. On peut en effet « épancher sa bile » (décharger sa colère), déverser son fiel (se répandre en récriminations), être d'une humeur noire ou simplement se faire de la bile (du souci). « Vider son sac » semble être l'occupation favorite de cette poche emplie d'amertume. Tout se passe comme si la vésicule réceptionnait les déceptions du foie, les espoirs et les projets inaboutis de l'organe qui voit l'avenir en rose et s'y engage avec fougue, toujours persuadé que demain sera le plus beau jour de sa vie. Chagrin, amertume, colère, humeurs, mélancolie, aigreur, fiel, souci… Cette vésicule contient de nombreux d'états d'âme qui oscillent entre irritation et tristesse.

Le sac biliaire contient un liquide amer – l'amertume de nos déceptions ! – qui passe du vert au jaune. Il signe son appartenance à la sphère symbolique du goût et des couleurs. Lorsqu'il s'épanche, toutes les déceptions, les irritations, les rancœurs, les vexations et les récriminations coulent à flots. Ce sac contient les blessures d'amour-propre d'un sujet qui déploya tant d'efforts pour prendre son espace et réussir dans sa vie ! Est-ce la conséquence de ses imprudences et de ses tentatives de (se) gonfler démesurément comme le suggèrent « gall » (témérité) et « bladder » (vessie qui se gonfle ») ?

Lorsque les couleurs saturent, la bile devient « noire ». L'on se fait alors « un sang d'encre ». Tristesse et mélancolie taraudent encore.

On ne peut s'empêcher de lire « amer » dans la langue des oiseaux, qui y voit un « a » privatif de « mère ». Les sautes d'humeur de la vésicule biliaire seraient alors des tentatives de se libérer de l'emprise de la mère et de la sécurité du cocon. En passant par toutes les couleurs de ses humeurs, la personne réaffirme une vie libre, loin de la bienveillance d'un foie maternant. L'amère de la bile sépare la personne de sa mère par la colère. Ses critiques amères sont des critiques « à mère » et les rancœurs exprimées, une tentative d'alléger son cœur.

La colère aide à la séparation. Elle rompt avec une fusion devenue insupportable. Le paradis bienveillant du foie atteint ses limites. Pour s'en libérer, le corps sécrète un liquide vert qui tourne bientôt au jaune soleil, la couleur du père : la bile.

Après avoir « vidé son sac », le propriétaire du viscère se prépare au voyage. Il « fait son sac » pour errer comme un berger sur les routes de la transhumance. Le Berger et l'Amère étaient précisément les deux noms que donnaient les anciens devins mésopotamiens à la vésicule biliaire.

Biologie

Cette petite vésicule se situe donc sous le foie et stocke la bile. Le liquide se déverse ensuite dans le duodénum *via* le canal de Wirsung, afin d'émulsifier les graisses contenues dans le chyme.

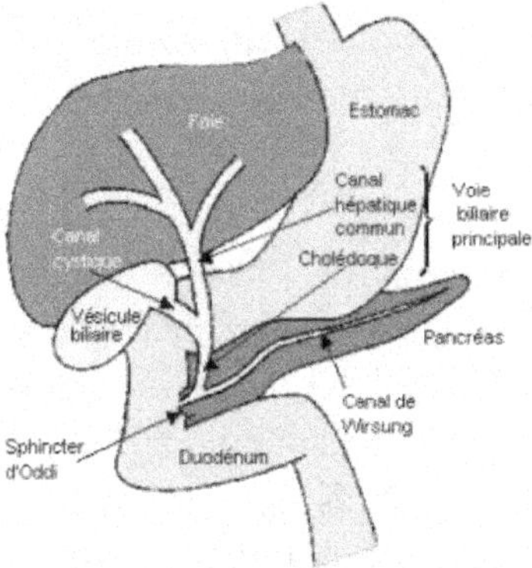

Vésicule biliaire (source : https://medecin.skyrock.com/551468895-2-Les-voies-biliaires-et-la-vesicule-biliaire.html)

La bile passe par différentes couleurs. Elle est normalement jaune, brune ou verte. Elle devient noire chez l'atrabileux, l'ancien nom du mélancolique. Dans ce cas seulement, elle était supposée provenir de la rate. Lorsque la bile fraîche, de teinte vert sombre, séjourne longtemps dans la vésicule, elle jaunit et accroît son amertume. Finalement, les acides biliaires se déversent dans le duodénum pour arroser le chyme, la pâte alimentaire qui se forme à la sortie de l'estomac. Apparaissent alors à sa surface des filaments lactescents appelés « chyle » : des « humeurs » (du grec *chulos*) devenues translucides !

Pour fréquenter le sens symbolique de la vésicule biliaire, il suffit de se laisser porter par les couleurs de la vie. Dans un premier temps, les espoirs sont portés par le vert, cette couleur à la fois tonique et apaisante. Lorsque le processus s'approfondit dans la durée apparaît le jaune de la renaissance par l'affirmation d'un centre retrouvé. Le jaune solaire est le signe d'« un lien d'amour entre chaque être et le monde, c'est cette disposition qui relie chacun aux autres, à la vie, à la totalité et qui semble inspiré par le sentiment d'appartenance au divin[53] ». Voici donc le long chemin que propose la vésicule biliaire symbolique ! Partir de l'amour maternel du foie pour s'ouvrir au sentiment de participation à l'ensemble des existants. Inquiétudes, irritations et récriminations furent les leviers de ces départs et de ces espoirs réitérés. Un jour, enfin, les humeurs (le « chyle ») deviendront « trans-lucides », la personne se laissera traverser par ses états d'âme sans jamais les colorer de ses réactions colériques.

L'émulsification des matières grasses résulte de l'action des sucs biliaires sur le chyme. Cette opération extrait l'huile du magma alimentaire. Or le liquide blanchâtre est la base physique de l'onction spirituelle. Dans les cérémonies religieuses, il marque la présence du sacré, la coulée claire, lumineuse et onctueuse de l'amour divin dans le corps du croyant. La bile jaune et amère révèle l'huile ! Elle ouvre la conscience de la personne au sens de l'offrande et de la charité. Du point de vue biologique, *la bile rend l'huile accessible à l'être humain, qui pourra ensuite la digérer lorsqu'elle passera dans son intestin.* À ce moment-là de son histoire, un premier contact direct avec l'amour compatissant surgit. *Il ne faut surtout pas mentaliser cette expérience, car elle se romprait en miettes.* La bile nous le rappelle, car elle se décompose promptement au contact de l'air : elle perd son intégrité et sa fonction si elle est soumise à la pensée.

Le rôle symbolique de la vésicule biliaire semble être le suivant : par la colère, la personne se débarrasse de l'emprise maternelle et sécurisante symbolisée par le foie. L'espoir renaît, accentué par la sensation grisante d'une nouvelle jeunesse. Puis le sujet affirme son autonomie en devenant semblable à un

---

[53] Georges Romey, *Encyclopédie de la symbolique des rêves*, éditions Quintessence.

soleil jaune, lumineux. Mais l'amertume ne suffit pas ! Le moment est venu d'abandonner ses rôles familiaux et sociaux qui ne répondent plus à la vérité intérieure (le catabolisme du cholestérol) pour établir un contact intime avec le sacré (la dissolution des graisses). C'est seulement ensuite, lorsque celles-ci passeront à travers la membrane intestinale, que la pensée pourra les analyser et comprendre ces expériences, puisque intestin signifie littéralement « dans la tête » (*in testus*).

Mythopathologies

D'une manière générale, il semble que les dysfonctionnements de la vésicule biliaire soient liés à une inhibition de la liberté des humeurs, que ce soit pour des raisons morales ou idéalistes. Le processus qui consiste à « passer par toutes les couleurs » afin de s'émanciper des images de soi et des faux rôles est comme écrasé par une volonté tenace de rester dans la conformité ou dans la responsabilité.

Le cholestérol

À travers la récrimination d'une bile qui s'épanche, le corps du sujet crie silencieusement son besoin de vivre libre en pleine clarté, loin de tous les rôles qui lui collent à la peau. Il hurle sa hantise de s'éteindre dans le soleil noir de la mélancolie. C'est pourquoi la bile joue un rôle important dans *l'évacuation* du cholestérol, du bien nommé « colle, est-ce tes rôles ? ». Le foie sécrète le cholestérol et la bile l'élimine ! Lumineuse et claire comme un soleil, elle demande : Est-ce encore utile pour toi de coller à ce rôle ? Dois-tu vraiment continuer à endosser cet habit social qui n'est plus à ta mesure ? Accepteras-tu encore longtemps de vivre dans ce monde à la cote mal taillée ? Désires-tu vraiment rester une persona avec ce masque de bonheur convenu ? L'excès de cholestérol produit par le foie invite à ce questionnement.

Les calculs biliaires

Des pierres (*calculus*, « cailloux ») formées d'un mélange de cholestérol et de sels biliaires s'accumulent dans la vésicule. Le

Berger s'alourdit d'un poids inutile. Son sac (biliaire) contient des objets morts qui retardent sa marche et entravent son rayonnement personnel. Il faudrait alors se demander : De quelle responsabilité me suis-je chargé au point d'éteindre mes états d'âme ? Car, ici, le cholestérol est figé dans la pierre, la fonction sociale est devenue une responsabilité pesante, voire écrasante. Et le corps fait savoir à sa manière combien cette charge est douloureuse ! La question pourrait être formulée autrement : Est-ce que je ne dévalorise pas mes sentiments au nom du devoir, par respect pour des engagements passés devenus aujourd'hui des poids si lourds à porter ? En regardant attentivement, la personne verra peut-être qu'elle « colle à un rôle » qui lui interdit de vivre pleinement sa vie en accueillant ses sautes d'humeur et ses colères.

L'ictère

Les globules rouges meurent après environ 120 jours de bons et loyaux services. La rate, la moelle osseuse et la vésicule biliaire sont chargées de leur recyclage. L'hémoglobine est dégradée sous la forme de bilirubine par la rate. La molécule sera ensuite rendue soluble dans l'eau grâce à l'action des sels biliaires. Lorsque cette biochimie est perturbée, la bilirubine s'accumule dans l'organisme et donne à la peau sa couleur jaune citron. C'est l'ictère, une « jaunisse » souvent accompagnée de démangeaisons. En devenant jaune, la peau dit le désir de la personne de s'affirmer comme un soleil, de déployer son animus en se séparant de « la mère ». Mais son enfermement narcissique l'empêche de rayonner. La peau prend en charge cette contradiction : celle d'un trop-plein de « moi » qui rêve de s'affirmer sans pourtant oser se mettre en lumière, ni affirmer sa volonté, ou poser simplement sa présence. Il existe ici des nourritures affectives que le malade ne peut plus absorber, qu'il souhaite « dé-manger » précisément. Chez l'enfant, cela signe la difficulté du Soi, ou de l'âme, à s'épanouir dans le contexte social et familial où naît le bébé.

Les axes sémantiques de la vésicule biliaire

La vésicule s'occupe de la transformation des humeurs selon deux orientations :

Mélancolie (bile noire) ⟵ Colère, irritation, inquiétude ⟶ Sympathie (bile jaune)

Involution : Irritation et colère pour mieux se libérer des organisations matricielles comme la famille et la « sécurité sociale ».

Évolution : Se libérer des besoins de sécurité personnels et prendre le risque de la compassion… en ayant l'audace de suivre ses humeurs.

Transvolution : Onduler sur le Flux, se laisser porter par la grande vague du ressenti pour servir la Vie.

Chapitre 2

Les viscères pleins : foie, reins, pancréas, rate

Le foie

Accorder ses rêves à son destin

Étymologie et expressions
« Foie » dérive du latin *ficus*, la « figue ». Ce terme viendrait d'une analogie de forme entre les cellules de l'organe et le fruit du figuier.

Au creux de l'estomac, l'identité se construisit pas à pas dans la poche qui reçoit tout. Dans le foie, le sujet s'efforce avec enthousiasme de dépasser les limitations imposées par sa maison réelle et symbolique. Sa plus grande crainte sera de sombrer dans la folie en s'ouvrant à l'inconnu. Un mot qui, en plus de F O I E, y ajoute un seul « L » pour une élévation sans équilibre, car, pour cela, il lui faudrait deux « ailes ». La langue des oiseaux traduit en effet « F-OIE » par « Feu-OIE », l'énergie vitale (F) qui pousse la personne à accomplir son destin (l'Oie Némésis) au risque de la FOLIE, car celle-ci est un FOIE ailé (L) qui a perdu le contact avec la Terre des réalités pratiques. « Folie » peut aussi se lire « F O Lie », « Feu et Eau liés ». L'imagination (l'Eau/O) liée à l'intensité vitale (le

Feu/F) entraîne parfois « la personne du foie » vers un déséquilibre psychique.

Revenons vers les expressions de la langue française :

> « Se ronger les foies » : se faire du souci, s'inquiéter.

> « Avoir les foies » : avoir peur, manquer d'audace et échouer. D'où les termes « foirer » et « foireux ».

> « Donner les foies à quelqu'un » : faire peur.

> « Vouloir bouffer les foies de quelqu'un » : éprouver une grande colère. C'est la posture exacte de Prométhée le Révolté dont le foie est dévoré par l'aigle de Zeus.

> « Être gavé par quelque chose ou quelqu'un » : se sentir envahi par l'espace de l'autre.

L'inquiétude pour les siens représente la peur particulière du foie. Les « siens », ce sont tous ceux qui vivent dans la conscience du sujet : parents, enfants, famille, amis, collègues de travail, camarades. Comme une mère, il cherche à les protéger et à les nourrir pour les maintenir dans un « paradis » d'abondance. Au plus haut niveau, il s'agit de la figure du guru qui conserve un contact permanent avec ses disciples, quel que soit leur éloignement.

Biologie

De couleur brun-rouge, le viscère pèse environ 1,5 kg chez l'adulte. L'organe le plus volumineux du corps humain rassemble environ trois cents milliards de cellules. À titre de comparaison, on estime le nombre d'étoiles de notre Galaxie à « seulement » deux cents milliards. Il y a donc plus de cellules dans notre foie qu'il n'y a d'étoiles dans une galaxie ordinaire ! La majeure partie de cette glande loge à droite, sous la profonde coupole diaphragmatique. Elle surplombe la partie droite des viscères abdominaux. Son volume ainsi que sa position[54] en font une sorte de soleil du monde des viscères, le « cœur » rayonnant et nourricier des organes mous.

Placé sur le trajet du courant sanguin en provenance de l'intestin, le foie contrôle l'apport alimentaire et assure la stabilité du taux de glucose sanguin. Cela nous évite d'absorber de la nourriture toutes les quinze minutes pour ne pas tomber d'inanition ! *Le foie assure la sécurité alimentaire de l'organisme.* Il se comporte comme une mère qui nourrit son enfant, comme un salaire qui assure le bien-être du travailleur, comme une communauté qui maintient la sécurité affective de ses membres, comme une religion qui promet le paradis aux croyants après leur mort. Le foie est une assurance contre la pauvreté matérielle, sociale et spirituelle. Organe de l'abondance, il reste démuni face au manque et à l'austérité, si contraires à sa nature.

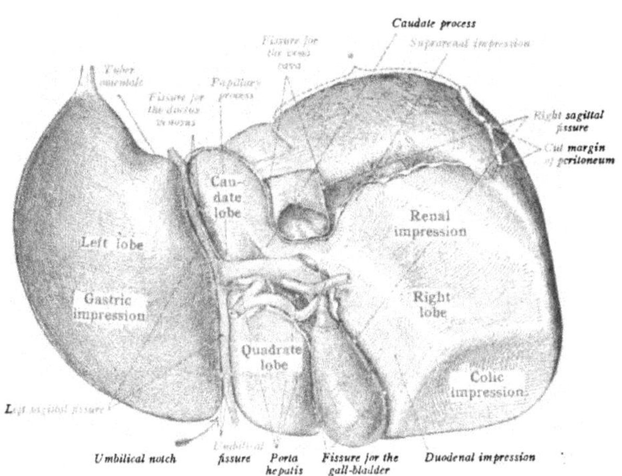

Le foie, *Sobotta's Atlas*, Anatomie humaine (1906)

Les cellules du foie commandent l'intensité et le débit d'au moins six voies métaboliques. Outre la stabilisation de la quantité de sucre dans le sang, l'organe joue un rôle dans la

---

[54] Haut, droit et derrière désignent le monde de l'Esprit ; bas, gauche et devant, celui de la matière.

synthèse des protéines, le métabolisme des graisses, la détoxification de l'organisme, la production de l'urée, la synthèse des plaquettes et la formation des sels biliaires. Nous avons déjà analysé le symbolisme de ces fonctions hépatiques dans notre ouvrage sur Prométhée, qui eut le foie dévoré par l'aigle de Zeus. En voici un résumé. Le porteur d'un organe sain proposera généreusement de la nourriture, de l'argent ou encore son énergie aux siens en fonction de leurs besoins (distribution du glucose) ; il saura se libérer périodiquement des toxines physiques, psychiques et mentales qui pourraient l'alourdir, pour cela il apprendra à se préserver de bienfaisants moments de solitude (la détoxification) ; il fera preuve de souplesse, laissant couler ce qu'il ne peut changer (le rôle des graisses) ; il reconnaîtra les trésors d'expériences de ses compagnons, nés de leurs parcours de vie (le métabolisme de l'urée) et il matérialisera ses projets et ses visions dans une pratique concrète (les facteurs de la coagulation du sang). Enfin, l'extraordinaire capacité de régénération des hépatocytes signe l'amour immodéré des projets d'avenir. Cette caractéristique entre parfois en conflit avec sa fonction de maintien du bien-être de l'organisme. Voici poindre le problème du foie, une situation contradictoire insoluble, donc archétypale : comment concilier la force vitale de l'organe – la remarquable capacité de renouvellement des hépatocytes – avec ses autres fonctions tournées vers la sécurité du corps ? Ce paradoxe est curieusement mis en scène dans le drame de Prométhée. Le Titan, qui symbolise le mythe d'un progrès sans fin, fut puni par Zeus pour avoir donné aux hommes le feu de la connaissance : le grand Olympien l'attacha pour l'éternité à un rocher et ordonna à son aigle de lui dévorer le foie chaque journée. L'organe repoussait miraculeusement la nuit, si bien que la souffrance de l'Enchaîné dura longtemps, très longtemps.

Mythologies
Une colère aveuglante sourd dans le corps et l'esprit de Prométhée, qui se croit attaché pour l'éternité à son rocher.

Cette exaspération douloureuse est la conséquence d'un conflit entre deux visions : celle du foie, l'organe utilisé par les haruspices mésopotamiens et les devins grecs pour lire *l'avenir*, confirmant ainsi le nom du Titan, qui se traduit par « celui qui prévoit », et celle de l'aigle, l'oiseau de Zeus, qui vole si haut que tout le paysage *présent* lui apparaît dans son immensité. Conflit de visions entre ce qui est (l'aigle) et ce qui pourrait être dans le futur (Prométhée). Les contraintes du présent enchaînent le prométhéen à son quotidien alors que son foie déborde de rêves d'avenirs lumineux. Le futur idéalisé réagit violemment au drame de la réalité vécue. Lui, ce foie porteur de si grands projets, est immobilisé dans une situation où il ne peut plus rien faire ! De ce trouble, de ce décalage, la colère surgit avec les pathologies d'un foie « dévoré » par l'aigle du réel.

Parfois, le conflit devient vraiment insupportable. Alors les yeux de la vision objective et le foie de la prévision du futur résolvent la tension psychique dans la maladie. Les yeux et le foie voient chacun à leur manière. Ils n'appartiennent pas au même étage du corps-symbole et ne vivent pas sur les rythmes du même Élément. Le Feu du regard ne se satisfait pas du confort sentimental de l'Eau tiède du bassin ! La flamme bondit et brûle tout sur son passage, laissant derrière elle une traînée de cendres fertiles. L'Eau nourricière élabore un monde de sécurité et d'abondance où les qualités du « moi » – les huit viscères – se déploient sans jamais titiller le risque de la brûlure. La braise incandescente que Prométhée a dérobée au monde métaphysique effraie l'univers sécurisant du foie. L'étincelle de vérité qui éclaire la possibilité d'un autre monde, fondé sur l'être plutôt que sur l'avoir, effraie les valeurs du ventre. Pourtant, la lucidité et la clarté du porteur de lumière fascinent. Dans le corps du prométhéen, le foie se fait regard d'avenir. Mais il souffre des conséquences de sa vision sur le confort des siens et sur l'équilibre de son monde. Le foie est l'organe qui, l'espace d'un instant, a la vision du destin de l'être, de son futur de lumière. Mais il habite encore le monde des viscères !

Prométhée supplicié (1618). Pierre Paul Rubens (1577-1640)
et Frans Snyders (1579-1657). Huile sur toile.
Philadelphia Museum of Art.

La vitalité des cellules hépatiques et la fonction prophétique du foie ne font pas toujours bon ménage ! L'enthousiasme pour de grands projets vise un accroissement de la magnitude de l'étoile du bien-être, alors que Prométhée prend le risque immense de faire descendre le Feu de l'être pur au cœur des imaginations égotiques. La vision de la réalité spirituelle blesse douloureusement un foie très occupé à élaborer un idéal social, familial et humaniste[55]. Un jour, la vision de « ce qui est de toute éternité » explose les espérances de tous les lettrés qui imaginaient un monde parfait, mais tellement terrestre ! Alors surgit le drame de Prométhée. La connaissance qu'il apporta aux hommes, loin de générer un monde civilisé, donna du pouvoir à la face obscure des êtres humains. L'homme devint un loup pour ses semblables et la figure salvatrice de Prométhée se mua insensiblement en celle d'un Faust avide de puissance et de contrôle sur les esprits de tous ceux qui sont pourtant ses frères.

---

[55] Georges Romey, *Encyclopédie de la symbolique des rêves,* éditions Quintessence.

Si le conflit du foie est mis en scène dans l'histoire de Prométhée, l'épanouissement de l'organe est codé dans l'histoire de Dionysos, le dieu du vin. Le foie est en effet l'organe qui gère l'ivresse. Le rouge breuvage assouplit le contrôle de la conscience ordinaire, il ouvre le « moi » aux perceptions surgies des mondes invisibles. Nous avons déjà suivi la progression de Dionysos dans la géographie corporelle[56]. Encore embryonnaire dans *la cheville* (littéralement « *la vrille de la vigne* »), il vit le jour dans *la cuisse* de Zeus puis élabora ses premiers fruits encore acides dans *l'acetabulum de la hanche* (littéralement « *le vase à vinaigre* »). À présent, il déploie sa divinité dans le viscère de l'ivresse. Les raisins sont enfin mûrs ! Il reste encore a savoir gérer l'ébriété : ce sera le rôle du cœur. Mais n'anticipons pas. De quelle ivresse s'agit-il ? Celle de Dionysos est avant tout contagieuse. Quand les hommes étaient ivres, dans un état d'exaltation mystique ou en train de jouer la comédie, on les disait parvenus au royaume de Dionysos, le dieu de l'inspiration et de l'extase. Dans *Les Bacchantes* d'Euripide, le chœur entonne un hymne à Dionysos et évoque le plus grand don que ce dieu fit aux humains : « le bonheur suprême de la bacchanale », qui les conduit « à mettre leurs âmes en commun ». Maria Daraki remarque que la bacchanale est l'expression « exaspérée » du sentiment d'appartenance sociale. L'expérience psychologique du dionysisme est essentiellement collective et contagieuse. Les autres approches religieuses peuvent être reproduites en solitaire, mais cette fête exige une psychologie collective qui, le temps de quelques jours, renverse les normes sociales. Pour une conscience centrée sur le foie, la transgression dionysiaque équilibre et adoucit les rêves de révolution prométhéenne. Prométhée est un individualiste qui fait du social et veut le bonheur du « peuple », Dionysos s'immerge corps et âme dans l'expérience de l'extase, afin que s'effacent toutes les barrières élaborées autour des différences. L'Athènes du siècle de Périclès, celle qui inventa la démocratie et la science, celle qui éleva au plus haut point la lumière de la

---

[56] Volume 1 de cette série

Raison, conduisit aussi Dionysos à son plus grand épanouissement, afin de compenser les excès de la lucidité. *Les Grecs honoraient un dieu qui avait pour fonction de remettre en cause leurs certitudes* et ils l'installèrent au centre de leur système religieux ! Il existait dans les cités grecques une série de rituels réfractaires aux normes dominantes olympiennes et civiques : ils sont tous rigoureusement secrets et quasi exclusivement féminins[57].

Le foie est l'organe de l'extase qui aspire à vivre une relation fusionnelle choisie avec la Grande Mère et, sur le plan psychologique, avec le collectif. Son énergie, métaphorisée par l'extraordinaire capacité de renouvellement de ses cellules, est mise au service d'un dépassement des limites d'un « moi » ravi et saisi par un dieu. Ces mystères ont leur source, non en l'homme, mais dans le projet du démiurge. « Il faut que malgré elle cette cité comprenne combien lui manquent mes danses et mes mystères », aimait à répéter Dionysos par la voix d'Euripide.

Seul le « deux fois né » sait à quel point le paradis des sens est proche du paradis de Dieu : même extase, même sensualité, même joie, même communion, même ouverture à l'indicible. Ces attitudes d'abandon ouvrent la conscience du sujet à quelque chose de plus grand que lui, l'invitent à explorer des continents inconnus. Dans le Cantique des cantiques, le jeune homme rencontre sa bien-aimée en un lieu où « le figuier embaume ses fruits, et les vignes en fleur exhalent leur parfum ». L'épanouissement du foie symbolique évoque un état paradisiaque où la communion d'amour est accomplie.

La subtilité et la force de la conscience feront la différence entre le processus d'involution, où les cellules en forme de figues doivent gérer l'ivresse née de l'ingestion de spiritueux, et la transvolution, où la liqueur spirituelle, la divine ambroisie, suscite un état de grâce.

---

[57] Maria Daraki, *Dionysos et la déesse Terre*, éditions Flammarion.

La joie est ce sentiment qui naît d'une expansion de la conscience découvrant soudain des possibilités nouvelles. Le viscère le plus volumineux du corps humain a besoin d'espace pour prendre toute sa place. Plus exactement, c'est le fait même de croître – et avec quelle force – qui le caractérise le mieux. Le fémur, l'os plus long du squelette, se traduisait dans le parler euphonique des oiseaux par « fée-mûre ». Il désignait la patiente maturation du féminin de l'être, conduisant vers un premier contact personnel avec Dieu dans la hanche. Le foie et le fémur se caractérisent par leur taille, leurs qualités féminines et leur désir d'aller toujours plus loin. Or, le symbolisme astrologique associe ces deux éléments corporels à une seule planète, Jupiter. L'objet le plus volumineux du système solaire « organise » précisément les processus d'expansion dans les sphères professionnelles, psychologiques et spirituelles. La joie qui en découle a donné son nom à la planète jovienne.

Mais alors, se demandera un foie en pleine possession de ses moyens, jusqu'où vivre dans la joie sans envahir l'espace de l'autre ? Jusqu'où explorer le monde du sens (ou de Dieu) sans risquer la démesure, la mégalomanie ou même la folie ? Jusqu'où s'investir dans de nouveaux territoires sociaux et politiques sans perdre ses valeurs ? Jusqu'où s'engager dans des projets jugés essentiels pour la communauté sans se sentir en contradiction avec les appels de son destin ?

Mythopathologies
Ficus (figue/foie) est la nourriture traditionnelle des oies. Le fruit du figuier alimente l'Oie Némésis, la grande déesse qui vérifie à chaque instant que l'homme avance sur le chemin de son destin. Le foie penche secrètement du côté de Prométhée et de l'étoile de vérité. C'est l'organe chargé de vérifier que la personne respecte la loi de Némésis, la déesse qui veille à la réalisation spirituelle.

Lorsque Balzac écrivait « les malades dont le foie est plus ou moins attaqué sont disposés à l'impatience, à la colère[58] », il exprimait exactement la pathologie du foie mise en scène dans le mythe de Prométhée. Deux visions se confrontent dans un foie en souffrance. Celle du Titan, qui n'a d'yeux que pour son futur, et celle de l'oiseau de Zeus, qui regarde le présent. Cette conscience aiguë d'un décalage entre ce qui est et ce qui pourrait être, entre l'ordinaire et l'idéal, s'avère si douloureuse qu'elle génère des colères aveugles. Non exprimées pour des raisons de convenance, elles pourront se réfugier dans les pathologies du regard et du foie.

Lorsque ce conflit entre la vision de sa destinée individuelle (Prométhée) et le respect de l'ordre établi (Zeus) devient insupportable, il se « résout » dans des maladies comme l'anorexie, la migraine, les problèmes digestifs, la colère, la culpabilité, la dépression et l'oscillation entre prodigalité et avarice[59]. Rappelons que nous ne traitons ici *que des maladies d'âme*. Une migraine, par exemple, n'est pas nécessairement un conflit du foie, même si elle peut l'être.

« L'anorexie, une maladie des hauteurs

> Prométhée refuse toutes les chaînes, la première d'entre elles étant la prison du corps. Il existe ici une révolte contre le fait d'être né et un impérieux désir de retourner vers l'essence des choses en se dématérialisant toujours plus, en retrouvant aussi ce feu dynamique et puissant que confère automatiquement toute expérience volontaire de privation de nourriture. Par l'anorexie, le prométhéen tente de revenir vers Ouranos, vers le Ciel étoilé, là où brille la clarté de l'esprit et la légèreté du souffle. Pour lui, « incarnation » signifie être enchaîné au rocher des

---

[58] Honoré de Balzac, *Le Cousin Pons,* 1847, p. 217. Cité par Lexigolos.
[59] Luc Bigé, *Prométhée, la sublime irrévérence*, éditions de Janus.

186

nécessités quotidiennes. L'alliance qu'il devrait apprendre à sceller passe par la reconnaissance de son corps.

La colère, la révolte inaboutie de l'Enchaîné

Après la tentation des étoiles au risque de l'anorexie vient la colère refoulée. Celle-ci se focalise naturellement sur le foie, puisque la détérioration de l'organe est la conséquence de la colère de Zeus qui envoie son aigle mangeur de chair. La médecine chinoise, par une tout autre voie, considère également le foie comme le siège de la colère. Dans cette structure, les maladies du foie (hépatites, cirrhoses) sont la conséquence d'une contradiction psychique : le désir d'aventure, de prendre des risques, d'innover, d'aller de l'avant, confronté à un sentiment de culpabilité et une peur de l'échec. Cette nouvelle ambivalence sera « résolue » par la maladie. La clé consiste ici à retrouver sa foi, son foie, sa confiance en soi, sa capacité à s'exprimer dans sa différence, puis au nom de sa différence.

Le futur incertain

La blessure de culpabilité infligée par l'aigle du remords – il « re-mord » en effet chaque jour – détruit automatiquement le moindre projet d'avenir. Aucun devin, si doué soit-il, ne lira jamais dans un foie déchiqueté. Le sentiment de ne pas avoir d'avenir, d'être sans projet, est si douloureux dans un foie blessé ! Rien ne sert alors de soigner le viscère, il est préférable de reconnaître le pressant appel de l'âme à une remise en route vers des futurs de lumière, car tous les futurs ne conduisent pas au déluge.

Qui joue avec le feu se brûle, qui s'est brûlé craint même les allumettes. Une expérience des sommets est suivie d'une descente dans l'ombre de la vallée. La dépression prométhéenne est un reflux du feu : la vie ne se déroule plus, les choses ont perdu de leur éclat. Plantes, animaux et humains ne prospèrent plus. C'est là l'une des conséquences de l'aventure prométhéenne de l'homme occidental. L'homme moderne éprouve une diminution de sa joie de vivre et de son énergie, l'enthousiasme a cédé devant l'assaut de la tristesse. Les voleurs de feu de la Renaissance nous laissent ce lourd héritage. Après l'enthousiasme pour un monde de progrès où le feu des Lumières devait éclairer l'humanité vint la jarre de Pandore avec ses maux : le travail, la maladie, la vieillesse, le désespoir mêlé à l'espoir irréalisable. Sur le plan individuel, la dépression signe une régression du feu. Mais c'est aussi une maladie de notre civilisation, car, collectivement, notre feu régresse par la prise de conscience des conséquences et des dangers du savoir. Le prométhéen dépressif rencontre alors l'opportunité, voire la nécessité intérieure, de passer d'un feu vers l'autre. La toute-puissance du désir, interdite de projection sur les choses, devrait s'élever vers le cœur. Les prométhéens sentent avec plus d'acuité que d'autres les limites d'une société de consommation essentiellement préoccupée du bien-être du ventre, ils sentent dans leur chair la nécessité de développer le feu du frêne : l'intelligence du cœur. Les dépressifs vivent une inconfortable transition entre deux feux : la sexualité, la reproduction et la production ne les intéressent plus, ils aspirent à une autre lumière, à la satisfaction d'un désir plus essentiel.

L'argent, une gestion difficile

Sans développer ici une analyse argumentée, signalons que le sucre est l'analogue symbolique de l'argent. Or, le foie gère la diffusion et le stockage du glucose sanguin. Le prométhéen risque par conséquent d'alterner entre le trop (stockage) et le trop peu (diffusion) dans l'emploi de son argent *liquide*. Entre la prodigalité et l'avarice au quotidien, son foie oscille.

La blessure scandaleuse

Et puis il y a la blessure scandaleuse. Une blessure intrinsèque à l'épopée du Titan. Jusqu'à présent, les pathologies prométhéennes étaient dues à un non-accomplissement du mythe : refus de l'incarnation (anorexie), sentiment d'insuffisance personnelle joint à un désir d'aventure (pathologies du foie) et opportunité de changer ses valeurs profondes (dépression). Pourtant, la blessure est une donnée immédiate de l'histoire de Prométhée. Tout prométhéen porte en lui un lieu de souffrance qui est aussi la signature de son identité spirituelle. Le scandale de cette souffrance injuste, qu'aucun événement de sa vie biologique ou psychique ne saurait ni expliquer ni justifier, lui semble d'abord inacceptable. C'est néanmoins en cherchant à la comprendre et à vivre pleinement sa dimension symbolique qu'il accomplit sa destinée. Beethoven eut des crises de surdité dès son plus jeune âge, malgré cela il accomplit son destin de compositeur hors norme ; Fulgence Bienvenüe, l'ingénieur qui fut à l'origine du métro parisien, eut un bras arraché par accident à l'âge de 28 ans, malgré cela il consacra sa vie à la réalisation de ce projet de construction jugé scandaleusement novateur. Le prométhéen devrait donc s'interroger sur le lieu corporel de sa souffrance, car là est la clef de sa mission spirituelle. »

Le foie demande donc à la personne née dans l'estomac, qui a appris la neutralité dans le duodénum et la discrimination dans l'intestin, d'harmoniser le sens de son destin avec les impératifs de sa vie de famille et, plus généralement, ses contraintes sociales. Les pathologies décrites plus haut peuvent signer – mais pas nécessairement[60] – une souffrance née d'une difficulté à accomplir cette difficile tâche. Un signe avant-coureur sera la production excessive de cholestérol. Le foie est en effet le principal producteur de ce lipide et il contrôle sa dégradation avec les acides biliaires. Or, c'est là précisément le problème : le corps qui synthétise un excès de cholestérol dit dans sa langue secrète : « colle, est-ce tes rôles ? » « Dois-tu encore coller à l'un de tes rôles ? N'est-il pas temps d'accomplir ton destin personnel, c'est-à-dire ta destinée spirituelle ? » Les acides biliaires qui éliminent le cholestérol montrent la voie symbolique : ils proposent de vivre pleinement ses humeurs afin de mieux se libérer de ses rôles.

Les pathologies du foie naissent d'un contact conscient avec l'univers de Prométhée. Leur guérison passe par la reconnaissance des bienfaits de l'extase collective et de l'errance dionysiaque. L'apparition dans le firmament de la conscience de l'étoile de l'être pur vient bousculer le confort et la bonne adaptation du « moi » à la vie sociale, familiale et religieuse. Une pathologie signe un conflit : la souffrance née d'un décalage insupportable et injuste entre ce que je vis et la conscience de ce que je pourrais vivre, entre les réalisations de la personne et les appels de l'âme. Ce décalage inavoué entre ce qui est et ce qui devrait être soulève de la colère et perturbe la qualité de la vue. L'hépatique devrait se méfier de ses rêves, s'ils sont seulement là pour occulter la réalité. *Ne pas voir* constitue sa principale résistance à l'ouverture de sa conscience, à laquelle il préfère le repli douillet de son intériorité. Rappelons avec R. et L. Gandolfi que l'ennemi du foie est

---

[60] Nous avons développé dans un autre ouvrage les quatre causes possibles *d'une même* maladie : il pourra s'agir d'un dysfonctionnement biologique, relationnel, mythologique ou d'un processus initiatique. *La force du symbolique*, éditions Dervy.

190

l'œuf, le lieu des origines[61] !

Les axes sémantiques du foie
En tant que viscère du ventre, il participe à l'élaboration du moi et au maintient de sa sécurité. Sa fonction symbolique tourne autour de quelques mots-clef : imaginaire maternant, désir d'un monde d'abondance, nourricier, expansion, vitalité, confiance en l'avenir, sécurité matérielle et affective. L'activité imaginative du foie est féminine. Elle est en relation avec la mère ou l'inconscient maternel.

Les axes sémantiques pourraient se résumer ainsi :

Aspect maternel : affective	Peur du manque	⟷ Joie dans l'abondance matérielle et
Aspect spirituel :	Rêves d'accomplissement personnel	⟷ Accomplissement d'un Grand Rêve
Conflit :	Sécurité et confort des siens	Aventure au nom de la quête de Vérité

Ou encore :

Vision et expansion matérielle	⟶	Vision et expansion spirituelle
Inquiétude pour les siens	⟶	Colère face à l'inaccompli dans sa vie
Joie des sens	⟶	Joie du sens.

Involution : Vitalité, expansion psychique, conquête des espaces et des choses.
Évolution : Conflit entre les besoins de siens et les appels de l'Esprit
Transvolution : Harmonisation, le pouvoir temporel se marie avec le pouvoir spirituel pour servir la Vie.

---

[61] Linda Gandolfi et René Gandolfi, *La maladie, le mythe et le symbole*, éditions du Rocher.

Les reins

Transformer la force en amour

De la taille d'un poing, l'organe arbore une forme de haricot de couleur bordeaux. Les deux reins sont fixés sous les côtes, de chaque côté de la colonne vertébrale. Leur fonction consiste à filtrer le sang.

Chaque viscère élabore avec patience un univers particulier. Le foie materne son entourage, il envisage des projets grandioses en lui promettant des avenirs prospères. Mais, un jour, *la réalité de ce qui est* frappe de plein fouet la merveilleuse construction de l'homme-dieu qui crut un instant refaire le monde. La vésicule biliaire, plus modeste, renoue avec la légitimité des sentiments personnels. Quant aux reins, ils s'échauffent volontiers autour des questions d'harmonie, d'échanges et d'équilibre des pouvoirs.

Vocabulaire et expressions

Le mot « rein » dérive de la racine latine *ren,* qui est un pluriel. Le singulier n'apparut pour la première fois qu'au XIVe siècle. *Les* reins sont, en effet, les seuls viscères pairs. Cette particularité physiologique et sémantique suggère une gémellité symbolique et, par suite, un accent sur les questions portant sur l'harmonisation des relations entre le sujet et son compagnon ou sa compagne, la personne et son destin, les frères et les sœurs. Nous y reviendrons. D'autres termes issus de la racine *ren* nous seront utiles : *renascor*, « rendu à la vie », « renaître » et, par extension, « régénéré par le baptême ». Le prénom René parle aussi de la fonction symbolique des reins. Toujours avec le symbolisme baptismal, *reno*, « retraversé à la nage » et *renideo*, « briller, rayonner de joie ». Sans oublier les catégories de la force, habituellement associées à ce viscère avec *renitor* (« résister, faire un effort ») et *renuto* (« entêtement, refus »).

La sphère linguistique des reins évoque la transformation de la force en jubilation par l'expérience d'une chute suivie d'une renaissance, par le baptême en terminologie chrétienne.

Les expressions autour des reins disent d'abord la puissance physique, financière et sexuelle :

> *Donner un coup de reins* : faire un effort intense et soutenu.
>
> *Avoir les reins solides* : posséder assez de ressources financières pour sortir vainqueur d'un conflit.
>
> C'est aussi un symbole de puissance sexuelle, comme le suggère cette jolie citation : « Cette rousse audacieuse [...] avait l'air de porter sur sa tête tous les incendies qu'elle allumait dans les reins juvéniles des écoliers[62]. » Voici une rouquine digne d'Aphrodite, qui arbore certainement « une belle chute de reins ».

Mais le viscère court toujours le risque de perdre cette belle vigueur :

> *Courber l'échine* : devoir supporter des humiliations.
>
> *Casser les reins à quelqu'un* : le ruiner, briser sa carrière.
>
> *Rompre les reins* : éreinter.

---

[62] Bloy, *Le désespéré.*, 1886, p. 68. Cité par Lexilogos.

194

Être faible des reins : ne pas avoir assez de force ou de pouvoir, être incapable d'entreprendre quelque chose.

L'Ancien Testament associe le viscère à la perte de la puissance physique et sociale[63] :

> « Il délie la ceinture des rois, Il met une corde autour de leurs reins.
> Il emmène captifs les sacrificateurs ; Il fait tomber les puissants.
> Il ôte la parole à ceux qui ont de l'assurance ; Il prive de jugement les vieillards.
> Il verse le mépris sur les grands ; Il relâche la ceinture des forts. »

… Pour mieux les retrouver après l'épreuve. Lorsque Ézéchiel rencontre l'Éternel en songe, il s'exprime ainsi[64] :

> « Au-dessus du ciel qui était sur leurs têtes, il y avait quelque chose de semblable à une pierre de saphir, en forme de trône ; et sur cette forme de trône apparaissait comme une figure d'homme placé dessus en haut.
>
> Je vis encore comme de l'airain poli, comme du feu, au dedans duquel était cet homme, et qui rayonnait tout autour ; depuis la forme de ses reins jusqu'en haut, et depuis la forme de ses reins jusqu'en bas, je vis comme du feu, et comme une lumière éclatante, dont il était environné.
>
> Tel l'aspect de l'arc qui est dans la nuée en un jour de pluie, ainsi était l'aspect de cette lumière éclatante, qui l'entourait : c'était une image de la gloire de l'Éternel. À cette vue, je tombai sur ma face, et j'entendis la voix de quelqu'un qui parlait. »

Contre toute raison biologique, les reins sont le siège de la force divine qui rayonne dans le corps lorsque, dans la transvolution, le pont de lumière au-dessus de la tête est contacté. Dans l'involution, ils codent la descendance. Jahvé la donne : « Une nation et une multitude de nations naîtront de toi, et des rois sortiront de tes reins »… ou l'enlève : « Et il déchira ses vêtements, il mit un sac sur ses reins, et il porta longtemps le deuil de son fils ». Dans l'évolution, l'Éternel « sonde les reins

---

[63] Job 12, 18-21.
[64] Ézéchiel 1, 26-28.

et les cœurs ». Il vérifie, en quelque sorte, la pureté symbolique de ces deux organes : l'usage de la force et de l'amour partagé (les reins), du courage héroïque et du sens de la concorde (le cœur).

Lorsque la conscience-énergie arrive dans les reins, sonne l'heure de la conversion. L'homme qui s'affirmait par ses richesses matérielles, sa puissance sexuelle et sa notoriété sociale est rudement questionné par la vie. Parfois, cette belle assurance s'effondre dramatiquement, puisque « rein » contient « rien » et « nier ». Une période d'anéantissement précède la complète réévaluation de sa manière d'aimer et de se lier aux autres. Comment s'étonner alors que l'étymologie du terme « rein » soit associée à l'idée de renaissance par le baptême ?

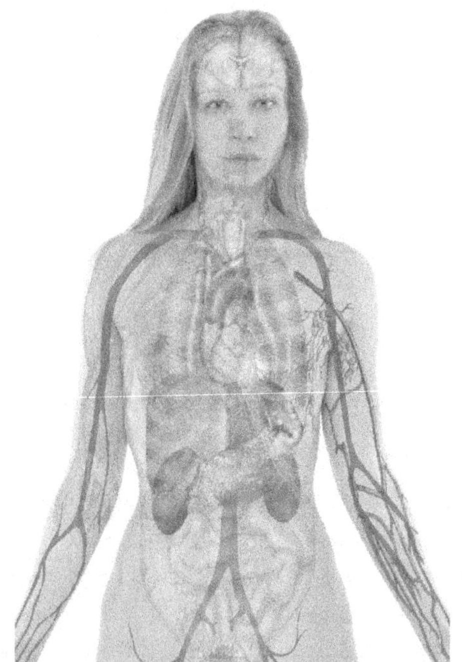

La position des reins dans le corps humain (source : https://pixabay.com/fr/photos/l-anatomie-femme-humain-corps-peau-254120/)

La racine savante *ren* et les textes littéraires racontent au fond la même histoire. L'exploration symbolique du rein biologique va nous préciser les modalités de cette « conversion ».

Biologie

Les deux reins se placent de part et d'autre de la colonne vertébrale, dans la partie postérieure de l'abdomen. Ils synthétisent l'urine, ce soleil couchant du corps. Ces organes régulent également la composition biochimique du sang, ils assurent aussi la constance du pH et vérifient que la concentration en ions dans le corps est toujours optimale. En d'autres termes, ils garantissent l'équilibre des échanges dans le monde corporel. Vénus-Aphrodite ne renierait pas cette tension vers l'harmonie !

Les reins symboliques garantissent la stabilité du « pacte social ». Ils nous enseignent la meilleure manière de maintenir le dialogue au sein du corps, du couple, de la société. C'est le seul viscère pair de l'organisme. « Être deux » suppose de regarder la vie selon deux points de vue différents et complémentaires, de choisir une posture et d'imaginer son contrepoint, d'anticiper la pensée de l'autre avant de répondre. Contrairement à l'unique foie persuadé de sa grandeur, les reins, obsédés par l'équilibre du système biologique, cherchent le dialogue, un autre mot pour « équilibre ».

L'une de leurs techniques consiste à filtrer le sang pour l'épurer. Cet organe s'intéresse à l'amélioration du moi psychique (le sang) grâce à une méthode très élaborée de filtration, en partie passive et en partie active. Or le mot *philtre*, comme dans l'expression « philtre d'amour », provient du croisement du grec *philein*, « aimer », avec le mot *filtre*, dont l'origine est le « feutre » des alchimistes, un tissu qui servait précisément à filtrer. Les reins filtrent en effet ! Grâce à l'amour (*philein*) partagé (à deux), le moi (le sang) s'épure progressivement de ses lourdeurs et de ses poisons. Le dialogue et l'harmonie, si importants dans la psychologie des reins symboliques, s'accomplissent grâce à un amour choisi, filtré en quelque sorte, « feutré » parfois. Cette fonction des reins conduit à nouveau vers la psychologie de la déesse Vénus. Les trois enfants qu'elle eut avec Arès (Mars) se nomment en effet

Éros (« désir »), son double jumeau *Antéros* (« amour partagé ») et *Harmonie*.

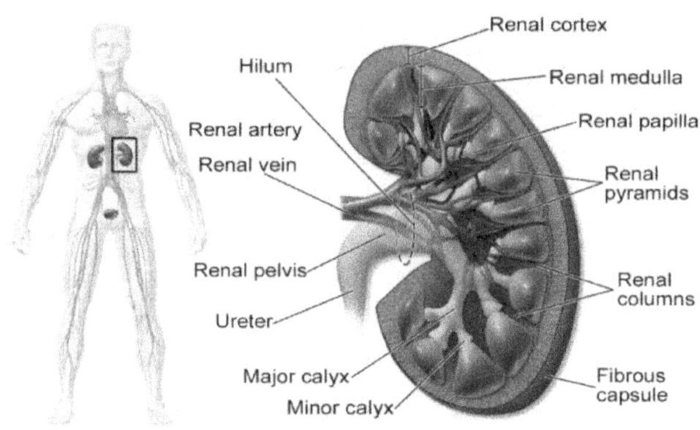

Anatomie d'un rein (source : Wikipedia)

« La bonification du psychisme grâce au philtre d'amour » exprime exactement l'une des deux fonctions rénales : épurer le sang grâce à une technique de filtration. Ce processus produit un liquide jaune, l'urine, que l'ancien français appelait « *orine* » et la langue latin « *auream* ». C'est donc un or fluide que le corps expulse. Pour filer la métaphore… disons que la personne qui vibre à l'appel d'une belle *chute* de reins *tombe* amoureuse et commence ainsi le long processus d'épuration du « moi ». La rencontre amoureuse est un formidable levier qui fait descendre l'ego de son piédestal et l'aide à se purifier de ses ambitions. Il s'agit donc bien d'une chute, d'un écroulement égotique nécessaire pour que le sujet puisse redonner ensuite au monde le meilleur de lui-même, ce que le corps symbolise par l'urine, l'essence d'expérience de son histoire – les restes du métabolisme – qui affiche la couleur jaune de la compassion. Avec l'urine produite dans les reins, la lumière intérieure de l'être s'écoule et se révèle dans l'espace extérieur.

Arrivé dans l'organe pair, le sang rouge irrigue environ un million de néphrons. Il abandonne son hémoglobine et sort, après filtration, avec une couleur dorée. Le rouge – violence et passion – disparait au profit du rayonnement solaire. Les reins récusent avec courage l'impétuosité du rouge qui va parfois jusqu'à haïr. Le philtre d'amour est la clef de cette prodigieuse métamorphose. Lorsque celle-ci est refusée, l'expérience du « rien », de la chute vitale, sociale ou financière pourra s'inviter dans la vie de la personne. Mais, dans l'évolution, ce « rien » est une bénédiction ! Il entraîne la conscience dans l'expérience de la « rien-ité », de l'être pur libéré de ses atours.

Les reins interrogent donc la relation amoureuse et la bonne volonté de la personne à s'oublier au nom du partage, de l'*antéros*, littéralement de « l'amour retourné ». Une pathologie de cet organe évoque les questions suivantes : L'amour est-il partagé ? Est-ce que j'accepte de tomber de mon piédestal et de m'ouvrir à l'autre sans volonté de conquête ? Est-ce que cette liaison m'aide à redistribuer au monde le meilleur de moi-même ? Être rein, être rien, quelle merveille lorsque la prêtresse de ce sacrifice se nomme Aphrodite ! Pourtant, le refus égotique de s'ouvrir, lorsque l'amour se présente, pourra entraîner la chute de la belle vigueur des reins, métaphorisée par des échecs dans la vie professionnelle, financière ou sexuelle.

La formation de l'*orine* demande deux étapes. D'abord une filtration passive du sang, qui arrête la quasi-totalité des globules rouges. Seul le plasma est accepté par les reins. Les viscères accueillent donc le blanc et refusent le rouge. Ils reçoivent la transparence et récusent la volonté de conquête. Puis une filtration active réintroduit dans le courant sanguin l'eau, le glucose et les sels qui se sont échappés pendant l'étape précédente. L'organe de l'équilibre est lui-même en équilibre entre l'accueil (la filtration passive) et la prise de décision (la filtration active). Il sait s'ouvrir inconditionnellement au psychisme des étrangers (la masse du sang rouge) tout en n'accueillant que ce qui lui semble le plus authentique (le blanc). En même temps, il récupère ce dont le corps a besoin et qui s'est échappé pendant l'acte d'accueil. Le sujet revient vers lui et se nourrit avec souplesse de la relation amoureuse (la filtration active de l'eau et des sels). Environ 180 litres de liquide passent chaque jour par les reins pour seulement un à deux litres d'urine produits. Le reste de l'eau est réabsorbé.

En plus d'élever une barrière contre l'irruption des passions et la violence guerrière, symbolisées par le sang rouge, les reins excrètent des ions H+. Ils éliminent l'excès d'acidité du corps et préviennent ainsi de l'acidose. Toute critique ou autocritique « acide » n'a pas sa place dans le bon fonctionnement de l'organe symbolique… pas plus que dans le pacte social et la relation amoureuse.

Les reins réabsorbent donc des sels comme le sodium, le potassium, les phosphates et le calcium, pour les réintroduire dans le plasma sanguin. L'univers symbolique du sel mériterait de longs détours[65]. Disons simplement qu'il s'agit d'une *matière blanche* qui tourne autour des questions de corruption et d'incorruptibilité. On sait que les terrains agricoles sont « corrompus » et rendus inféconds lorsque du sel y est répandu. Positivement, ces substances sont utiles pour la conservation des aliments, car elles empêchent le développement des germes pathogènes. Or la « corruption », prévenue par le sel, porte un autre nom dans l'univers du contrat social : la « vénalité » qui, à partir de la racine latine *venalis,* a donné… « Vénus ». Les reins veillent à l'équilibre du sel dans l'organisme, car trop d'exigence de pureté pratique conduirait à figer les émotions du sujet dans la dureté d'une statue de sel. Et inversement, la vénalité, ces concessions aux désirs au mépris de sa vérité intérieure, produirait un « corps-rompu », une image de soi disloquée, perdue dans le désir de plaire. Il faudra alors se souvenir que 99 % des sels filtrés sont réabsorbés par les reins. Ils négocient sans cesse une juste proportion d'intégrité personnelle et de concession compatissante envers quelques « autres » choisis pour accomplir une mission commune : maintenir l'harmonie d'un « monde ».

---

[65] *Cf.* le volume 5 de cette série, où nous développons le sens symbolique des cinq saveurs : l'acide, le sucré, la salé, l'amer et l'umami.

Les glandes surrénales sont situées juste au-dessus du viscère. Elles synthétisent l'adrénaline et la noradrénaline, notamment dans des situations de stress ou de fortes émotions. Des hormones stéroïdes sont également fabriquées dans la zone périphérique de ces petites glandes de forme triangulaire. Cette production hormonale contrôle, entre autres choses, l'équilibre eau-sel que nous venons d'évoquer. La structure osseuse décrit symboliquement le monde des archétypes, la nature de l'Esprit ; la chair et les muscles s'occupent de l'univers des passions ; le système sanguin parle de la qualité et du raffinement du moi psychique ; le système hormonal évoque la présence de l'âme. Ce sont les voies de diffusion du sacré dans le corps. La langue des oiseaux entend en effet « Or mon Al », « mon or qui s'exprime dans le « Al », le Soi qui manifeste l'Esprit ». Les glandes sécrétrices d'hormones se placent sur les sept chakras mentionnés dans l'hindouisme et le yoga. Ces roues sont autant de portes qui ouvrent et élargissent la conscience vers des plans d'existence non ordinaires.

Mythologies

Lorsque le Dieu des Hébreux « délie la ceinture des rois et met une corde autour de leurs reins », il code la perte de leur pouvoir et de leur rôle social, il désigne la suppression des engagements des souverains envers leurs peuples et leur impuissance à conduire des actions décisives. C'est, littéralement, la « chute des reins »… et des *reine*s.

Les personnes exclues du contrat social manifestent inconsciemment le signe de « la perte de la ceinture ». Ainsi en est-il des jeunes des banlieues qui laissent tomber leur pantalon et des bagnards à qui on a enlevé leur ceinture pour prévenir, officiellement, les tentatives de suicide. Prisonniers et « banlieusards » désœuvrés – sans œuvre – partagent la même souffrance du bannissement de la vie civile. Ils ont « perdu » les pouvoirs symboliques de la ceinture. Ils ne votent plus, vivent dans le *no man's land* de l'exil social et leurs conditions d'existence n'a rien de séduisant. Les liens juridiques et sociaux, dont Vénus et les reins sont les gardiens, s'éteignent dans la nuit noire de la solitude avec ces deux catégories sociales qui souffrent de se sentir mal aimées.

La « ceinture » d'Aphrodite ! Il suffit pourtant que la ravissante déesse *la dénoue* pour que tous tombent éperdument amoureux d'elle. Si le monde juif code la perte du pouvoir social au moment même où la ceinture est dénouée, l'univers des dieux grecs affirme une thèse radicalement contraire : la puissance réunifiante de l'amour. Ce passage du monde juif au monde grec signe une évolution de la fonction symbolique des reins : d'abord dans la thématique du pouvoir et de sa perte avec le peuple hébreu, les deux reins deviennent le symbole de la séduction avec Aphrodite, puis de l'amour partagé avec son fils Antéros. L'expérience de l'exode promet « la traversée des eaux » *(reno)* de la mer Rouge, la « phyltration » nécessaire, jusqu'à ce que la force soit métamorphosée en amour.

La ceinture ou le foulard, noués autour de la taille, évoquent un mélange de force et de séduction. Ils proposent symboliquement de maintenir l'unité d'un système grâce à la volonté de vivre ensemble (le rein droit du contrat social) et des valeurs partagées (le rein gauche des charmes). Se ceindre les reins marque un engagement contractuel, comme dans le mariage, dans la participation à la vie culturelle ou encore dans la responsabilité professionnelle. La ceinture et les reins garantissent le respect du contrat social au sens de Rousseau : la volonté d'instituer un ordre social au service de l'intérêt général.

Si le lien juridique et le sentiment de participation unissent les membres d'une communauté, il existe aussi des manières plus viscérales, plus instinctives, de manifester un sentiment d'exil. En effet, le corps se sent lié par l'émotion là où il porte des objets liants comme la cravate, l'écharpe, le foulard ou la ceinture : la gorge serrée exprime de l'angoisse et les reins « noués » sont à l'avenant. Or, dans la pensée astrologique, ces parties du corps sont associées aux deux signes zodiacaux qui dépendent de Vénus : le Taureau pour le cou et la Balance pour les reins.

Laissons de côté pour le moment les objets qui ornent le cou (le Taureau) pour nous concentrer sur ceux qui entourent les reins (la Balance).

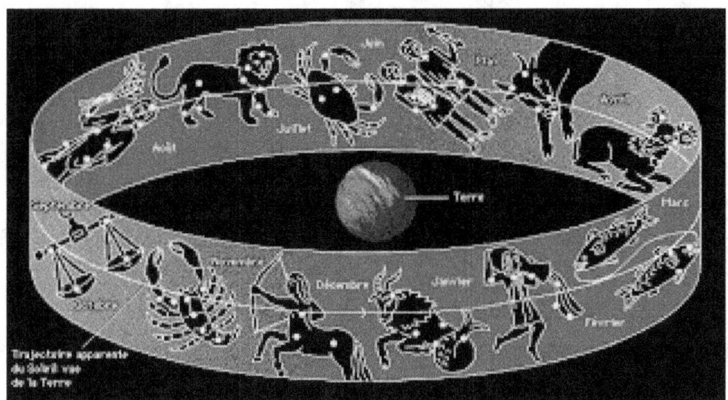

La ceinture zodiacale est définie par la trajectoire apparente du Soleil dans le ciel

L'emblème d'Aphrodite est dessiné dans le ciel. La trajectoire du Soleil autour de la Terre – en mouvement apparent ! – dessine ce que nous connaissons sous le terme de « ceinture zodiacale ». Cette ceinture est l'objet emblématique des grandes déesses comme Ishtar, Inanna et Vénus. Deux moments d'équilibre la divisent, lorsque la durée du jour égale le temps de la nuit. Le 21 mars, le Soleil entre dans le signe du Bélier et le 21 septembre, il pénètre dans la Balance. En ces deux temps du cycle annuel, la longueur du jour équilibre exactement celle de la nuit. Le 22 mars, ce sera la victoire de la lumière, le 22 septembre, le début de son déclin. Nous avons déjà rencontré le buste du bélier dans le petit bassin et le système reproducteur féminin. La force de vie (la lumière) affichait alors sa puissance, l'heure était à la résurrection, si bien commémorée par la fête de Pâques, placée le premier dimanche qui suit la pleine Lune après l'équinoxe de printemps[66].

---

[66] Pâques se place donc entre le 22 mars et le 25 avril. La fête qui commémore la résurrection de Jésus Christ a lieu lorsque le Soleil passe dans le signe zodiacal (et

Voici, très étonnamment, comment la physiologie corporelle code l'entrée du Soleil dans la Balance[67] :

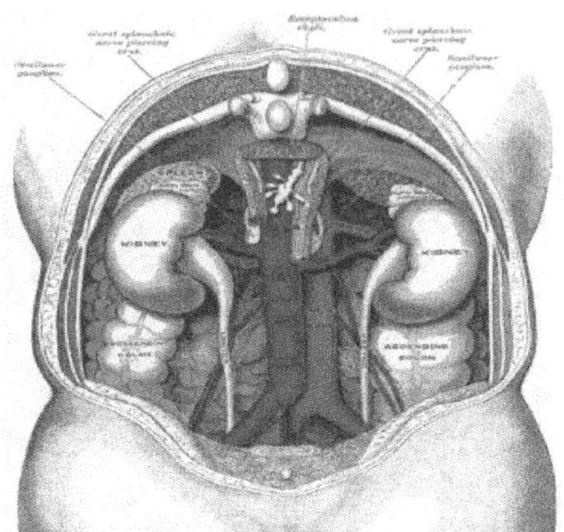

Les deux reins vus du dos.
Les intestins apparaissent au fond (Gray's Anatomy)

Cette image des deux reins avec leur système d'irrigation est une représentation exacte de la balance, l'instrument de mesure qui, dans la mythologie égyptienne, sert à peser les âmes des morts, les âmes de ceux qui entrent dans le monde de la nuit et disent adieu au jour. La balance égyptienne pèse le cœur du défunt en vérifiant que celui-ci est aussi léger qu'une plume (Maât). Comme tous les viscères, les reins préparent la grande expérience du cœur.

Lorsqu'il pénètre dans le signe zodiacal de l'amour partagé, la Balance, le Soleil « chute » sous l'horizon et entre dans les mystères de la nuit. Le « moi » rayonnant et puissant s'adoucit au contact du mystère de l'Autre. Ce passage de l'équinoxe d'automne fut remarquablement mis en scène dans la tradition

---

tropical) du Bélier et plus rarement, certaines années, sur les quatre premiers degrés du Taureau. Ce n'est pas la date de Pâques qui fluctue, mais notre manière de compter les mois. Les Hébreux utilisent un calendrier soli-lunaire et, dans ce calendrier-là, Pâque est à une date fixe, même si la fête n'a pas la même signification : d'un côté, le même jour, la commémoration de la résurrection de l'Agneau de Dieu, de l'autre, la sortie de la captivité d'Égypte (*Pesach,* « traversée »).

[67] Source : Wikipedia.

204

gréco-romaine des vestales. L'identification symbolique des vierges gardiennes de la lumière au Soleil de la Vierge zodiacale est extrêmement impressionnante. Les jeunes filles devaient rester vierges, c'est-à-dire ne jamais franchir le voile de l'hymen et ainsi empêcher, jusque dans leur géographie intime, la semence solaire, masculine, de pénétrer dans l'obscurité du ventre. Celle qui transgressait la règle de la virginité était mise à mort, enterrée vive. Elle subissait exactement la peine correspondante à la faute. Lorsque le Soleil quitte *la Vierge* pour entrer *en Balance*, il « s'enterre » : il « meurt » en s'enfouissant sous l'horizon terrestre. Ainsi se terminaient les six premiers mois consacrés à la croissance continue du jour[68]. Les vestales, ces gardiennes du feu sacré, protégeaient les citoyens de la mort du « Soleil » qui achève son parcours dans le signe de la Vierge. En conservant un feu intérieur, dans l'enceinte sacrée, elles gardent vivante la flamme d'une conscience capable de s'immerger dans la nuit du mystère. Lorsque l'une des six demoiselles – chacune correspondant peut-être à l'un des premiers signes du zodiaque – rencontrait un condamné à mort, elle avait le droit de demander sa grâce à condition de jurer que la rencontre était fortuite.

Les jeunes filles recevaient encore les testaments des citoyens et elles participaient aux cérémonies de sacrifice des animaux offerts pour honorer les dieux. Le français « immoler » – *im molare*, « saupoudrer de mola » – se réfère à la farine spéciale préparée par les vierges et répandue sur la tête des béliers et des taureaux lors du rituel d'immolation. Partout, et analogiquement, ces cérémonies évoquent la mort du Soleil, qui quitte le rêve de pureté de la Vierge (et des intestins) pour entrer dans le monde de la nuit, là où le contrôle sur soi cesse, là où l'amour partagé s'éveille en dehors de toute volonté de conquête, dont la Balance et les reins sont les spécialistes. Ces images mythologiques illustrent le passage d'une conscience

---

[68] Pour être précis, les Grecs présocratiques commençaient l'année avec le solstice d'été et non, comme nous, avec l'équinoxe de printemps. La Vierge est seulement le troisième mois de l'année civile, fondée sur un calendrier soli-lunaire.

solaire, claire et lucide, qui décline pour entrer dans le signe de la Balance.

Une personne dont la conscience resterait fixée sur ses intestins aspirerait à rester vierge et vestale, en idéalisant un mariage avec un Époux sacré. Les reins l'invitent à entrer dans l'obscurité en imitant le Soleil qui franchit la ceinture équatoriale. La chute dans la solitude de l'anonymat et sa crainte appartiennent au parcours héroïque des reins. Par l'acceptation de l'inconnu et le don de soi à l'autre puis au monde, l'amour grandit et panse bien des craintes.

Les intestins et les reins filtrent tous les deux, mais de manières contraires. Les intestins appartiennent au tube digestif, ils trient ce qui vient du monde extérieur afin de n'en retenir que ce qui est utile au sang, c'est-à-dire au moi psychique. Une bonne digestion de ses expériences rend la personne authentiquement « pure », vierge de tout ce qui ne serait pas elle-même, exempte de ce qui ne lui correspondrait pas. Cette bonne gestion implique de penser par soi-même (*in testus*), de collaborer avec l'étranger (le microbiote), de descendre dans ses « enfers » personnels (le côlon) pour s'ouvrir à son anima (la grande déesse). Les vestales *vierges* alimentent le feu sacré et veillent à ce qu'il ne s'éteigne jamais. La pure lumière intérieure doit être sans cesse ravivée, surtout lorsque le Soleil extérieur rentre dans la nuit. Si les intestins filtrent les aliments en provenance du monde extérieur, les reins ont cette même fonction par rapport à ce qui circule dans le monde intérieur, en purifiant le sang. Les reins reçoivent les engagements passionnés du sujet (le sang) pour n'en distribuer que l'essence : l'urine, ce soleil liquide que le corps expulse en son extérieur et enterre. La perfection du « moi » atteinte grâce au travail des intestins est appelée à un grand sacrifice dans les reins : s'ouvrir au mystère de la nuit, là où le contrôle, la raison et l'objectivité deviennent des obstacles. L'heure n'est plus à la vérification de ses compétences (« Un test un »/intestin) mais à l'abandon de soi dans le grand vide (rien/rein). Alors la vastitude d'un nouvel univers effleure de son aile invisible celui qui ose le grand saut dans sa nuit.

Mythopathologies

Les pathologies intestinales parlent des difficultés *à assimiler* des expériences ; les problèmes rénaux, des difficultés *à transmettre* ces expériences. La pensée autonome est la clef de l'assimilation, l'amour est la clef du partage. Les reins nous rappellent que nous ne donnons que ce que nous sommes : le soleil liquide de toutes nos expériences de vie, l'urine qui échappe à tout contrôle après l'ouverture des sphincters. La géographie des viscères raconte la même histoire que ce qui se passe dans le ciel. Lorsque le Soleil franchit l'équateur des reins, entre dans le signe de la Balance, il disparaît pour six mois dans l'obscurité.

Un rein malade n'assume plus la constance du milieu intérieur ! Il exprime une souffrance née d'une perte de l'équilibre au sein du couple ou dans la vie sociale. Parfois, il somatise une rupture inattendue, comme la perte d'un lien familial ou un déménagement imposé alors que la maison était vécue comme un havre de paix et d'harmonie. Les situations sont diverses, mais la thématique centrale tourne autour d'une séparation affective non acceptée : celle d'avoir dû quitter un lieu paradisiaque où tant d'efforts avaient été déployés pour le rendre toujours plus beau et plus accueillant ! Cette chute est vécue comme une rupture d'un contrat tacite. Un rein malade prend sur lui la peur de la nuit et du vide qui hante la conscience. Lorsqu'une décision ressemble à un grand saut dans l'inconnu, les reins assument la frayeur d'un moi mal préparé pour cette nouvelle étape. Le sentiment d'impuissance gagnerait à être totalement assumé par la conscience. La peur d'être brisé, de ne plus avoir assez de ressources financières, vitales et psychiques pour s'en sortir, s'immisce dans le moi conscient. Elle le contraint à accepter la possibilité de l'effondrement et du dénuement. Alors le sujet abandonne son perfectionnisme pour se reposer en toute confiance dans les bras de la nuit. Ce n'est pas une mort que cela, mais un immense soulagement !

Une personne souffrant des reins pourrait aller dormir à la belle étoile en compagnie des bruissements du vent. Alors, elle apprivoiserait sa nuit...

Les calculs rénaux

Pourquoi le rein stocke-t-il des pierres (*calculus*, « cailloux ») ? Et pourquoi une telle dureté dans la « loi d'airain » ? Peut-être pour signifier un manque de fermeté dans ses rapports aux autres au nom du désir d'harmonie. À l'origine, les petites pierres servaient à compter. Mais sur qui compter ? N'a-t-on pas le sentiment que les repères s'effondrent ? Alors il ne faut plus que compter sur soi ! Les reins sont congestionnés, bloqués, emplis d'obstacles, si bien que réaliser l'harmonie et la paix dans les relations semble insurmontable. Les cailloux rénaux invitent à développer plus de fermeté dans les relations. Ils rappellent l'urgence de poser quelques pierres blanches qui sont autant de valeurs essentielles sur lesquelles on refusera de transiger. Les cailloux, qu'ils soient rénaux ou biliaires, sont des poids inutiles que l'on traîne avec soi.

Rétention et incontinence urinaire

La perte et l'excès de contrôle sur les sphincters pourraient dépendre d'un sentiment de dévalorisation de soi dans la relation de couple ou dans la famille, le sentiment de ne plus y trouver sa place. En cas de rétention, l'on retient l'affirmation de son soleil urinaire ! L'incontinence serait l'inverse : un effort désespéré pour réaffirmer sans cesse sa présence sur un territoire. Il faudrait prendre conscience du fait que l'on se nie (rein/nier), que l'on ne se fait pas suffisamment respecter par manque de respect envers soi-même. La peur qui donne envie d'uriner est bien sûr un vieux réflexe animal qui dit, en désespoir de cause, son désir d'exister face à un prédateur ou un autre danger. Chez les mammifères, uriner à trois fonctions : induire la réceptivité sexuelle de la femelle, contribuer à l'établissement et au maintien de l'organisation sociale et marquer le territoire. Ce sont les trois fonctions biologiques des reins : génération, équilibre du système organique et affirmation de puissance. Une émotion forte, probablement en résonance avec une peur profonde, a ébranlé l'un de ces trois domaines. Uriner sur un territoire, c'est clamer « Je suis là et j'y reste ! » C'est conjurer sa peur de l'abandon.

L'hypertension artérielle d'origine rénale
Un excès de sel est l'une des causes de l'hypertension. Si le sel souligne un désir d'incorruptibilité et de vérité dans le quotidien, l'hypertension sera la conséquence d'un effort démesuré pour accorder sa conduite à sa philosophie, au risque de nier son besoin d'amour et sa soif d'échanges affectifs. La retenue émotionnelle fige le monde viscéral en une parfaite « statue de sel ». La tension que l'on s'impose pour se conformer à son idéal devient insupportable.

La « dialyse » rénale
Utilisée pour épurer le sang des déchets toxiques et éliminer l'eau en excès, cette technique porte un nom qui rappelle curieusement que la souffrance des reins est en rapport avec la peur de la séparation, la mémoire enfouie d'une rupture forcée et viscéralement refusée. Le terme désigne là, littéralement, la division (dia) et la séparation (lyse). Un rein qui ne filtre plus dit son renoncement au philtre d'amour. Et le désarroi qui en découle.

Les axes sémantiques du foie

En tant que viscère du ventre, il participe à l'élaboration du moi et au maintient de sa sécurité. Sa fonction symbolique tourne autour de quelques mots-clef : imaginaire maternant, désir d'un monde d'abondance, nourricier, expansion, vitalité, confiance en l'avenir, sécurité matérielle et affective. L'activité imaginative du foie est féminine. Elle est en relation avec la mère ou l'inconscient maternel.

Les axes sémantiques pourraient se résumer ainsi :

Aspect maternel : affective	Peur du manque	⟷ Joie dans l'abondance matérielle et
Aspect spirituel :	Rêves d'accomplissement personnel	⟷ Accomplissement d'un Grand Rêve
Conflit :	Sécurité et confort des siens	⟷ Aventure au nom de la quête de Vérité

Ou encore :

Vision et expansion matérielle	⟶ Vision et expansion spirituelle
Inquiétude pour les siens	⟶ Colère face à l'inaccompli dans sa vie
Joie des sens	⟶ Joie du sens.

Involution :	Vitalité, expansion psychique, conquête des espaces et des choses.
Évolution :	Conflit entre les besoins de siens et les appels de l'Esprit
Transvolution :	Harmonisation, le pouvoir temporel se marie avec le pouvoir spirituel pour servir la Vie.

Le pancréas

Un créateur turbulent

Étymologie et expressions
« Pancréas » dérive d'un mot grec qui signifie « tout en viande », construit à partir de *pan* (« tout ») et de *kréas* (« viande »). L'estomac représentait la construction du sujet, le foie racontait le destin de l'être et les reins assuraient l'harmonie de la personne avec son entourage. Voici à présent le pancréas « tout en chair ». Avec lui apparaît le monde des passions, puisqu'il n'est que chair. La langue française n'a pas retenu d'expressions incluant le pancréas. Est-ce parce que ses valeurs sont plus inconscientes et profondes que celles des autres viscères ?

Étrange pourtant est la manière dont l'auteur de l'article consacré au « pancréas », dans Wikipedia, décrit le viscère :

> « Il s'étend transversalement de droite à gauche, du duodénum au pédicule vasculaire de la rate. Il a des rapports « intimes » avec les veines splénique et mésentérique inférieure, dont la confluence forme le tronc spléno-mésentérique, au contact du *corps* et de la *queue* du pancréas ; et de la veine mésentérique supérieure, qui rejoint ce tronc veineux pour former la veine porte, en arrière de *l'isthme* pancréatique et en avant de *l'uncus* pancréatique (ou petit pancréas rétro-veineux). Par ailleurs, le cadre duodénal entoure la *tête* du pancréas, comme un pneu sa roue, entretenant des rapports intimes vasculaires. »

Il en a de la chance d'entretenir tant de rapports intimes avec les veines !...

La langue des oiseaux décode « Pan créas ». Elle désigne le dieu Pan (« tout »), célébré pour sa puissance sexuelle et sa créativité. Les « douze doigts » du duodénum enserrent la tête de l'organe qui pointe vers la rate... N'est-ce pas une merveille de symbolisme biologique ? Par-delà l'image sexuelle, nous savons que les « douze doigts » se réfèrent aux valeurs fondamentales mises en système dans les divers systèmes duodénaires. Le pancréas symbolise donc la capacité de la personne à se relier vitalement à une source d'inspiration pour produire une œuvre. Le duodénum enserre en effet *la tête* du pancréas, le berceau des idées.

Les viscères abdominaux manifestent les qualités symboliques de l'Eau et du Feu, un mélange de sensibilité et de désirs qui suscitent des émotions puissantes. Les réalisations fécondes du pancréas naissent d'une libération des passions. D'une certaine manière, le pancréas biologique est un « plan créa » professionnel. Une puissance de création qui résonne parfois comme un coup de tonnerre dans la banalité du quotidien. « Pan ! » marque en effet le surgissement d'un bruit soudain. Même si cette onomatopée est probablement une imitation sonore du coup de feu qui éclate, l'analogie avec le dieu Pan qui sème la *panique* mérite d'être soulignée. Car, nous le verrons, le démiurge adore surprendre !

Biologie

La forme générale du viscère ne démentira pas la piste phallique suggérée plus haut :

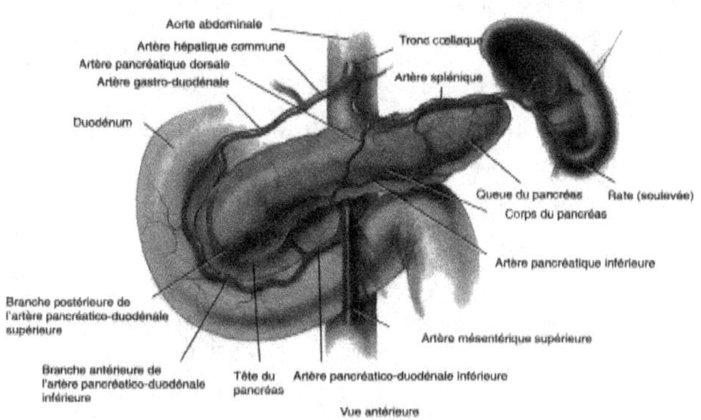

L'organe mesure environ 12 cm de longueur et 3 cm d'épaisseur.
Le duodénum entoure la tête du pancréas et, dans le corps, sa queue se dirige vers la gauche en direction de la rate.
Source : http://bio.m2osw.com/gcartable/pancreas.htm

Ramener la variété des expériences humaines à seulement quelques catégories essentielles fut l'œuvre du duodénum. Les classifications morpho-psychologique, hippocratique, physique, mathématique, zodiacale ou jungienne consistent à ramener le multiple, souvent complexe et inintelligible, à quelques idées simples. Néanmoins, ces savoirs seraient dangereux et terriblement réducteurs s'ils servaient les valeurs symboliques de l'estomac, s'ils étaient utilisés pour gonfler un moi avide de savoirs. Leur fonction consiste à entourer *la tête du pancréas* : c'est une matière à penser, un terreau de significations immensément fertile, la source féconde où s'abreuvent les créateurs inspirés.

Le viscère se dissimule derrière l'estomac, au-dessus des reins, entre la deuxième portion du duodénum et la rate. Il file profondément vers l'arrière, si bien que sa queue se rapproche du plexus solaire. Comme les reins, il associe une fonction hormonale à son rôle de viscère. Des cellules (les îlots de Langerhans) synthétisent l'insuline et le glucagon qui, une fois libérés dans le sang, contrôlent la quantité de sucre. Ces cellules appartiennent à la partie endocrine du pancréas. Le reste, sa partie exocrine, sécrète les sucs pancréatiques en grande quantité, environ 1,5 l/j. Le liquide sera ensuite déversé dans l'intestin par deux canaux. Le plus petit rejoint directement le duodénum. Le plus gros s'unit au canal cholédoque en provenance du foie et de la vésicule biliaire, avant que son contenu ne soit également déposé dans les « douze doigts » :

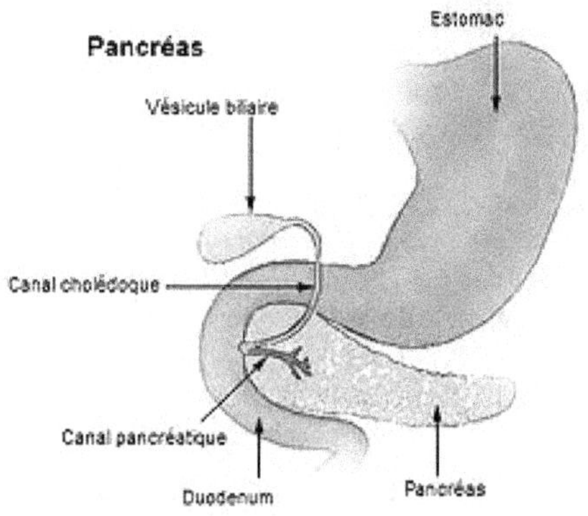

Relations du pancréas avec les autres viscères
Source : https://commons.wikimedia.org/w/index.php?title=User:Khayil&action=edit&redlink=1

Le viscère pancréatique collabore avec la vésicule biliaire pour assurer une digestion efficace dans le duodénum. Il s'appuie sur la liberté des humeurs pour créer. C'est un organe coopératif. Pourtant, sa nature hormonale suggère qu'il préfère rester comme une « île ». C'est pourquoi on considère parfois qu'il existe *deux pancréas :* l'exocrine « coopératif », qui synthétise les sucs pancréatiques, et les îlots de Langerhans, responsables de la production de l'insuline, qui ne rêvent que d'isolement. Un dilemme partage le pancréas symbolique et certains créateurs : d'un côté, ils aimeraient s'isoler du monde pour se

214

consacrer totalement à leur œuvre ; de l'autre, ils aspirent à participer à la vie du système métabolique des viscères qui, symboliquement, construit l'identité des individus et des nations.

Le suc pancréatique est un mélange d'eau, d'enzymes et de bicarbonate de sodium qui confère un pH fortement basique à la solution. Le pancréas *revient toujours aux bases. Ne faut-il pas, pour créer, s'appuyer sur quelques lois fondamentales, simples et universelles ?*

C'est muni de ces réflexions sur la biologie symbolique du pancréas que nous allons explorer la vie et l'œuvre du dieu Pan.

Mythologie : le dieu Pan

Dès sa naissance, le bébé dieu subit les moqueries de ses collègues, car sa laideur ne parlait pas en sa faveur. Né difforme, avec une tête de bouc, son corps était recouvert d'une toison noire tout ébouriffée et ses pieds fendus ressemblaient à ceux de la chèvre. Il devint néanmoins le protecteur des bergers dans les bocages d'Arcadie. Cette région de l'ancienne Grèce, réputée pour sa sérénité romantique, se situe *au centre* du Péloponnèse. Son roi mythique, Lycaon, eut une fille qui devint par la suite la constellation de la Grande Ourse proche *du centre* du ciel. Pan, l'Arcadie et l'Ourse trônent au milieu d'un territoire. Quant au pancréas, placé derrière le plexus solaire, il marque aussi le centre du corps. Or le symbole du centre représente toujours un point de passage, une porte mythique qui relie le monde ordinaire avec les territoires obscurs du dessous et les espaces sacrés du dessus. *Le reflet* de ce point de passage dans l'Eau du bassin est l'expérience émotionnelle qui yoyote entre le septième ciel de l'extase et les enfers de la désolation, en des va-et-vient inévitables. Cette dialectique de l'exaltation du désir et de la désillusion appartient au symbolisme du pancréas, celui qui est « tout en chair », c'est-à-dire toute passion.

Le dieu-bouc est un grand sensuel. À tel point que les théologiens chrétiens l'identifièrent rapidement à la figure du diable. Il collectionnait les conquêtes et se vanta même de s'être uni avec les Ménades de Dionysos, ces femmes déchaînées, ivres de la vie ! Sexuellement très actif, il a été confondu à tort par certains chroniqueurs avec un satyre. À l'occasion de l'une de ses équipées, il poursuivit Syrinx, qui se métamorphosa en roseau pour échapper à ses ardeurs. Pour honorer la nymphe, le dieu rassembla les hautes herbes pour fabriquer un instrument de musique qu'il nomma *syrinx,* plus connue sous le terme de *flûte de Pan.* Il pourchassa encore Écho et, suite à ses refus, le corps de la belle fut démembré et éparpillé sur toute la surface de la Terre. Seule sa voix vibre encore aujourd'hui sous les ponts et dans les montagnes. D'autres personnages eurent droit à ses faveurs empressées : le berger Daphnis, la lune Séléné, qu'il séduisit en dissimulant sa noirceur sous une belle toison blanche, et la nymphe Euphéné (« silence religieux »), chargée de nourrir les Muses. Pan est le dieu de la force vitale, il représente la vie foisonnante qui anime les systèmes biologique, psychologique, social et spirituel.

Une histoire rapportée par Plutarque met en lumière l'autre facette du dieu-bouc. Sous le règne de Tibère, un vaisseau s'immobilisa sur les eaux de la mer Égée et une voix s'éleva de nulle part pour demander au capitaine de clamer avec vigueur, près des côtes, « le grand Pan est mort ». Le pilote, après bien des hésitations, se décida à annoncer la mort de Pan. Aussitôt s'élevèrent de toutes parts des gémissements et des plaintes. Et la Terre entière prit le deuil[69]. Plus tard, le christianisme lira cette légende comme l'annonce prophétique de l'agonie du paganisme. Au cœur des grands bouleversements de la Révolution française, Proudhon utilisa à nouveau cette métaphore, cette fois pour signifier la fin du monde chrétien[70] :

<hr>

[69] Félix Guirand et Joël Schmidt, *Mythes et mythologie*, éditions Larousse.
[70] Cité dans le *Dictionnaire des symboles*, éditions Robert Laffont.

216

> « Les ombres des héros se lamentent et les enfers frémissent. Pan est mort ; la société tombe en dissolution. Le riche se clôt dans son égoïsme et cache à la clarté du jour le fruit de sa corruption ; le serviteur improbe et lâche conspire contre le maître ; l'homme de loi, doutant de la justice, n'en comprend plus les maximes ; le prêtre n'opère plus de conversions, il se fait séducteur ; le prince a pris pour sceptre la clef d'or, et le peuple, l'âme désespérée, l'intelligence assombrie, médite et se tait. Pan est mort, la société est arrivée au plus bas... »

Un texte étrangement d'actualité ! La « mort de Pan » marque l'heure où une civilisation s'écroule, la fin d'une période historique. Pourtant, les contemporains d'un tel événement le jugeaient si improbable ! Ils en restent médusés, emplis d'une sourde panique. Les hommes avaient oublié que les forces secrètes qui animent et soutiennent les civilisations retournent périodiquement dans l'inconscient collectif, que l'énergie vitale pulse au gré de l'Histoire. Sur les vagues de ses émergences, les empires s'élèvent ; sur ses retraits, la désolation d'une culture finissante attriste les peuples. La panique suscitée par la dissolution rapide d'une civilisation avec ses valeurs, ses prouesses techniques et ses artistes marque le retrait de la force vitale de ce dieu aux conquêtes innombrables.

Les roseaux qui forment la syrinx couvrent toute la gamme des sonorités, la foule paniquée contamine l'individu prisonnier de son sillage, les troupeaux suivent les bergers et leur dieu, Écho répète les sons : Pan est le dieu du multiple, du bruissant et de la profusion. C'est une icône du panthéisme, lorsque chaque élément de la nature était encore une figure divine. Proche de Dionysos, le dieu-bouc invite le sujet à s'ouvrir à l'immensité des forces de son inconscient pour le meilleur – la vitalité retrouvée – et pour le pire – la panique qui surgit lorsque l'équilibre intérieur est menacé. Le christianisme ne s'y trompa pas en identifiant le dieu-bouc au diable pour lutter contre le paganisme. Les désirs, les instincts, le foisonnement d'une nature indomptée et le surgissement des forces qui animent l'inconscient des peuples furent soumis à la claire conscience d'un Dieu unique. Pourtant, le maître du chaos est aussi une source d'inspiration et de créativité. L'existence ne peut se réduire à un seul « soleil-de-vérité ». Il lui faut aussi le foisonnement, l'indompté, l'hirsute, le multiple, le désordre, la contradiction, l'inattendu et la laideur provocante du dieu-bouc.

Les valeurs symboliques du pancréas évoquent la force vitale, la puissance sexuelle, la parole créatrice qui dirige les groupes (le « troupeau »), la peur panique qui précède la dissolution des valeurs fondatrices, la dispersion dans une créativité foisonnante et l'angoisse du coup inattendu qui remettrait en question les acquis de toute une vie. Les couples vie/mort, création/désolation, début/fin, exaltation/désillusions appartiennent à la sphère symbolique de la divinité et de l'organe.

Le dieu entretient des rapports privilégiés avec le son : Écho perd son corps et ne conserve que sa voix ; Euphéné se retire dans le silence de l'inspiration poétique ; les aboiements de la meute de chiens dirigés par la sœur d'Apollon, le souffle du vent dans les roseaux à la mort de Syrinx, le comportement étrange du dieu, qui adorait se cacher derrière les buissons et surprendre ses visiteurs en poussant un grand cri, la clameur qui suivit sa « mort ». Sur tous les tons et dans tous les mondes – animaux, divins, humains et même végétaux –, Pan porte de la voix et tente de transformer le réel. Il féconde l'univers des instincts (animaux), de la spiritualité (Muses), de la conscience (hommes), de la société (sa « mort ») et des énergies vitales (végétal) grâce à sa maîtrise de l'intégrale des sonorités, comme en témoigne la flûte qui lui est attribuée.

Le pancréas symbolique tourne autour d'une seule question : Que faire des vibrations créatrices qui me traversent ? Quelques fois, une peur panique s'élève lorsqu'elles grondent, enivrantes et sans rivages ; d'autres fois, elles soulèvent une prodigieuse inspiration capable d'entraîner un « troupeau » dans des projets fous. Sa force sauvage se canalise dans la création d'un nouveau monde.

Un mélange de vitalité débordante, d'aspiration romantique à la sérénité d'une Arcadie mythique et de crainte de se laisser dépasser par son œuvre caractérise les hommes et les femmes du pancréas. Dans ce tourbillon incessant, ils apprennent à découvrir leur centre en élevant leur conscience jusqu'au cœur. Lorsque tout ceci s'avère ingérable, une tentative de distanciation entre soi et le monde s'installe. Le diabète dira alors cette double contrainte : Je veux participer à la vie du monde, mais j'ai une peur terrible de me laisser envahir par lui. « Le monde » est bien sûr à prendre au sens large, depuis le ventre maternel, la cellule familiale, la vie socioprofessionnelle… jusqu'au contact avec l'Immense, promis par l'ouverture du cœur.

L'expression « la chair de ma chair » renvoie à l'étymologie de « pancréas ». Lorsque l'organe est en souffrance, il peut signifier que la personne ne se sent pas « la chair de la chair » de ses parents, un coup du sort pour, par exemple, un enfant adopté ou non reconnu par ses géniteurs.

Sur le chemin de la transvolution, le pancréas représente le lieu corporel où l'animisme et le christianisme renouent un dialogue perdu. Le sens païen de l'immanence et le désir chrétien de transcendance coopèrent au service de la Vie.

La crainte de ne plus avoir d'avenir et la colère signaient un foie en souffrance ; la peur de la nuit et de la chute sociale caractérise la destinée psycho-mythologique des reins. La personne dont la conscience explore « l'étape pancréas » rencontre la panique irraisonnée et craint le coup du sort. Il ne s'agit pas d'éviter ces grandes traversées, mais de les accueillir comme des processus initiatiques de croissance intérieure. Par le doute, le foie renouvelle son alliance avec Dieu ; par la chute, les reins symboliques se désidentifient progressivement du besoin de séduire et d'être aimé ; par l'accueil de la panique, le pancréas s'extrait de ses anciens engagements sociaux, il renouvelle sa vitalité et sa joie de vivre[71].

Mythopathologies

Avec les maladies symboliques du pancréas, le foisonnement vital pourra être réprimé au nom d'un idéal solaire de clarté et d'hyperconscience. Ou, inversement, il envahit la personne, qui se sent tiraillée à hue et à dia par des forces qui la dépassent.

Le diabète

Le diabète apparaît lorsque le pancréas ne sécrète plus suffisamment d'insuline (type 1), ou lorsque l'organisme ne l'utilise pas correctement (type 2). L'hormone est synthétisée par les cellules des îlots de Langerhans. L'insuline diminue la concentration en sucre du sang. L'insularité assumée, la solitude acceptée et choisie, est concomitante à une raréfaction des besoins de douceur et d'appétit financier. Le sucre est en effet un analogon de l'argent, comme le suggère l'expression « se sucrer au passage ». Ajoutons que le pluriel « sucres » est l'anagramme de « Crésus », ce roi mythique, inventeur de l'argent monnaie, qui transformait en or tout ce qu'il touchait. L'art de l'insularité, de s'isoler du reste du monde en devenant comme une île, équilibre normalement le désir maternel de sécurité, symbolisé par le sucre qui comble tant de besoins affectifs.

Mais lorsque le corps ne sécrète plus suffisamment d'insuline, le psychisme dit son désir d'augmenter le sucre dans le sang, de se sentir mieux aimé. Le corps attaque l'hormone de l'insularité pour lutter contre la souffrance de la solitude. Le diabète signe un combat intrapsychique : les besoins de solitude sur son île *et* d'être aimé sont en bataille. Alors la question sera : Suis-je enfermé en moi-même sans trouver de gué malgré le chaos

---

[71] Hermès prit la forme d'un bélier pour donner naissance au jeune Pan. Or nous savons que le bélier est une image symbolique de l'énergie vitale et de la sexualité. La divinité représente donc littéralement l'intelligence (Hermès) du vivant (Pan), un autre nom pour parler de l'adaptation au milieu.

d'activités créatrices qui m'anime ? La vie demande de trouver le gué, de « traverser » vers le continent des autres, afin de rétablir un contact sensible et nourricier avec eux. Le mot grec *diabètes* se traduit précisément par « qui traverse », donné bien sûr dans un contexte purement biologique. Le diabète sucré génère des urines abondantes et une soif intense. Les malades sont « traversés » par l'eau absorbée sans pouvoir la retenir. Et ils ne cessent d'essayer de marquer leur territoire en déposant leur soleil urinaire. Leur système immunitaire attaque les îlots de Langerhans qui produisent l'insuline. Le sentiment de solitude est vécu comme un immense cri de souffrance (l'île attaquée) affective (l'eau non retenue) et se traduit par une difficulté à trouver sa place chez soi (l'urine). Alors il faut brasser du monde et réorganiser son « troupeau », fût-ce de manière chaotique. Il est possible qu'une expérience ancienne ait associé l'exil avec une douleur intense, la solitude avec la mort, l'isolement avec la peur. Le diabète est une maladie qui nie la séparation, car celle-ci est contraire à la nature du dieu Pan, dont le sens métaphysique tout comme l'étymologie renvoient au sentiment de participation « mystique » à une communauté. Il faudrait aussi interroger la relation à la sexualité, puisque la forme biologique du pancréas suggère précisément une « traversée » du voile de l'hymen, cette première et fondamentale ouverture vers l'autre à laquelle invite l'acte d'amour.

90 % des diabètes dans le monde sont de type 2, liés à l'alimentation et aux conditions de vie. Est-ce étonnant dans un monde qui a tant de mal à concilier désir d'individualisme et sens d'une appartenance à une communauté ? L'absorption de sucreries compense, sans jamais y parvenir, le manque d'amour et d'estime de soi.

Enfin, la langue des oiseaux entend « dia-beth », la « maison (beth) divisée (dia) ». C'est aussi la définition sémantique du « diable », « celui qui divise » ! Le diabète serait alors une pathologie qui crie la souffrance d'une division intérieure et l'intense désir de se réunir à une personne ou à un paradis sauvage perdu. La souffrance d'isolement, de coupure avec la « maison », cet espace de sécurité psychique, est prise en charge par le pancréas qui refuse une synthèse normale d'insuline, d'*insula*, d'« île ».

Les axes sémantiques du pancréas

Le viscère symbolique connecte la personne à l'intelligence du vivant, à son foisonnement, à son inépuisable puissance créatrice. Le travail sur le son aidera « la personne du pancréas » à traverser bien des obstacles. Plusieurs axes sémantiques sont envisageables :

Involution :   Vitalité foisonnante, avec ses hauts et ses bas émotionnels.

Évolution :   Transformation de la vitalité en créativité.

Transvolution :   Développement des valeurs d'une nouvelle civilisation pour mieux servir la Vie.

La rate

Morts et renaissances

Étymologie et expressions

Le terme « rate » viendrait du néerlandais « râte », qui désigne un « rayon de miel ». Mais cette origine reste incertaine. La forme de l'organe offre pourtant une certaine ressemblance avec la production de l'abeille, car son enveloppe se prolonge vers l'intérieur, avec des cloisons qui imitent les alvéoles du rucher.

En français, les anagrammes de « rate » forment les mots « tare », « taré » et « raté » ! Le « taré » porte un poids psychique, une « tare » héréditaire qui alourdit sa vie au risque de la « rater ». Si l'on ose une anagramme avec l'anglais, on aura « *tear* », qui parle de « larme » et de « déchirure ». La « rate » désignerait alors la fin d'un processus psychique, les mémoires d'un passé trop lourd dont il faut s'occuper.

Quant aux expressions populaires, elles suggèrent deux axes de réflexion. Le premier s'étend du rire vers son contraire, la tristesse. « La rate se dilate » dans les moments d'hilarité, puis survient l'ennui, le *spleen* (le terme anglais pour « rate ») qui plonge le sujet dans un épais brouillard. Le second évoque la question du courage au travail et de son antagoniste, puisque l'on peut ou non « se fouler la rate ».

> Rire (se dilater la rate), soulever un poids -> Tristesse (le spleen), subir un poids
>
> Travail (se fouler la rate) -> Paresse (ne pas se fouler la rate)

La sémantique du viscère propose de « travailler dans la joie » et son contraire, une tristesse désenchantée qui fait perdre le goût de toute activité.

L'expression « courir comme un dératé » a des racines historiques et biologiques. On enlevait naguère la rate aux chevaux et aux chiens afin qu'ils courent plus vite. Symboliquement, « enlever la rate » revient à « enlever les limites » pour libérer un surcroît d'énergie. Une fois encore, la rate représente un poids à enlever, des entraves psychiques dont il s'agit de se dégager.

Contrairement à tout réalisme physiologique, les Anciens croyaient que la « bile noire » était produite par la rate, cause supposée de la dépression et de la mélancolie. Une rate « tarée » devient donc pesante, elle ne se dilate plus dans la joie et se contracte sous le poids des souvenirs et de la nostalgie. Elle a perdu la spontanéité du rire libérateur et paresse sans se fouler, la conscience reste engourdie au creux de mélancoliques souvenirs[72].

Deux mystères entourent ce viscère. D'une part, sa forme qui l'associe au rayon de miel et, d'autre part, la curieuse euphonie de la langue française qui évoque la femelle du rat. Or la souris et le pot de miel appartiennent à une structure mythologique mise en scène dans les aventures de Glaucos.

Biologie

Située sous la partie gauche du diaphragme, la rate se place à l'extrémité caudale du pancréas. Elle ressemble à une petite éponge aplatie pesant environ 200 g. Très vascularisée, sa rupture entraîne une hémorragie, parfois fatale.

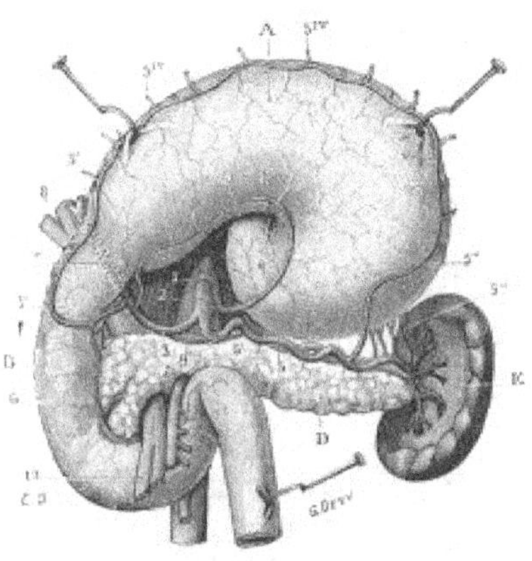

La rate (d'après L. Testut, *Anatomie humaine*)
A l'estomac, D le pancréas et E la rate

Le viscère (en noir) est constitué d'une pulpe rouge gorgée de sang et parsemée de nodules blancs. Il est composé de deux types de tissus : sa partie rouge, qui régule le taux de cellules sanguines et sa partie blanche, qui joue un rôle dans

---

[72] « Mélancolie » vient du grec *melagkholia*, « bile noire, humeur noire ». « Nostalgie » est formée par *nost* (« retour ») et *algie* (« douleur »), il s'agit littéralement d'un « mal du retour ».

225

l'immunité. Le viscère favorise en effet la maturation des lymphocytes, ces cellules du système immunitaire reçues directement du sang. Par ailleurs, la rate intervient dans la synthèse de l'hémoglobine. Elle élimine également les globules rouges endommagés en transformant leur hémoglobine en bilirubine responsable de la couleur jaune de l'urine, puis elle libère le fer dans les vaisseaux sanguins, afin qu'il soit réemployé pour la production de nouveaux globules rouges. Cimetière du sang usé, le viscère le régénère en synthétisant de nouvelles hématies.

Le sang usé est « taré », alourdi pour avoir absorbé de nombreuses mémoires psychiques pendant son expérience circulatoire dans l'organisme. Dans la rate symbolique, le sujet se renouvelle. Il découvre une seconde jeunesse et renoue avec le rire spontané du petit enfant. Le sang noir de la mélancolie et de la mort redevient le sang écarlate d'un *guerrier consacré* et engagé de manière significative dans la bataille de la vie.

La bile était jaune et verte. La rate appartient à la sphère symbolique du rouge, du blanc et du noir, les trois couleurs de l'idéologie tripartie repérée par Georges Dumézil dans l'univers indo-européen : le rouge du guerrier, le blanc du souverain et le noir du producteur[73]. En plus du système cardio-vasculaire, la rate est étroitement reliée au système lymphatique et aux globules blancs. C'est le seul organe lymphatique qui filtre le sang[74]. De ce fait, elle est totalement informée des différents antigènes et anticorps qui circulent dans l'organisme. C'est, symboliquement, un lieu où se noue une alliance entre deux systèmes : le rouge d'un « moi » passionné et sa relation avec la blancheur immaculée du sacré. Marier le rouge avec le blanc, l'engagement combatif au nom de la croissance biologique, psychologique et spirituelle de la personne avec le sens de la pureté et de l'intégrité, n'est pas une mince affaire. Ces

---

[73] Georges Dumézil, « La courtisane et les seigneurs colorés » dans *Esquisses de mythologie*, éditions Gallimard.

[74] Les autres organes du système lymphatique sont les ganglions, les amygdales et le thymus.

couleurs contraires disent la passion et l'innocence, la connaissance et la virginité, le sang et la neige, l'engagement et la distance, l'entrée dans le tourbillon des espérances et le retrait dans le froid paradis de la clarté, l'erreur nécessaire et l'intégrité. Georges Romey, à partir de ses recherches sur le sens des symboles dans les rêves éveillés, les décrit ainsi :

> « Le blanc exprime l'absolu, une origine et un but qui se confondent dans l'unique, l'éternel, le temps indifférencié de l'innocence, de la non-manifestation. Le blanc imaginaire est par nature, un blanc *immaculé*. Il est en **dehors de l'acte**. Il est pureté, innocence, sublimité. Mais ces valeurs s'opposent à la vie manifestée qui est dualité, engagement, risque, acceptation de la souffrance. Le blanc protège mais isole. Au plan de l'esprit il est perfection, au plan terrestre il est stérilité. Le rouge, c'est l'**implication**, le sentiment, la passion, l'amour, la souffrance, l'incarnation, la **violence**, le rythme […]. Au plan de l'esprit c'est la mort, au plan terrestre c'est la vie. Le rouge, c'est l'univers de la compétition, de la puissance, de la possession. Pour utiliser une formule simple le blanc est pouvoir spirituel, le rouge pouvoir temporel. »

L'association de ces couleurs apparaît dans les rêves éveillés sous trois formes : lorsque les aspirations spirituelles et les valeurs matérielles évoluent vers un nouvel équilibre (transvolution) ; lorsqu'un nouveau positionnement vis-à-vis des images parentales tend à se mettre en place (évolution) ; et enfin, lorsque se rejouent sur la scène du rêve les drames de la puberté et de l'adolescence (involution). Comme les templiers avec leur robe immaculée où est dessiné l'emblème rouge sang, comme la croix du Sacrifié et le croissant rouge qui portent leurs efforts humanitaires au cœur de la bataille, comme l'habit du père Noël qui associe fête sacrée avec profusion de nourritures terrestres. Le rouge et le blanc de la rate proposent le mariage de la conscience du sacré avec l'engagement dans les combats et les réjouissances de la vie. Tout ce qui, des anciennes valeurs, nuit à l'accomplissement de la nouvelle vie du sujet passe dans le sang noir « taré », de manière à le libérer de ses encombrements. Le désir de « faire » du moi est chauffé au rouge, puis au blanc, jusqu'à ce qu'il acquière malléabilité et souplesse pour mieux servir la partie pure et innocente du Soi.

Au cours de ce processus de métamorphose, les scories du passé sont brûlées. Le vieux sang noirci par les fautes inévitables, nées des échecs, retrouve une nouvelle vigueur et un sens plus profond.

La fonction symbolique de la rate consiste à transformer la « vieille vie » en une « nouvelle vie », à accumuler de l'énergie vitale pour régénérer l'organisme, à dissoudre les anciennes mémoires de souffrance qui ralentissent la personne et suscitent encore de la mélancolie, voire une dépression, pour produire un « homme neuf » capable de « s'éclater la rate », puisqu'il a enfin dépassé son inertie, ses lourdeurs et ses « tares ». Il semble que l'énergie vitale soit intimement liée à cet organe[75] :

> « Après la naissance l'influx de prana planétaire (ou énergie vitale de la vie planétaire elle-même) vient en aide à l'énergie de la matière et agit en parallèle avec elle, *via* la rate. Cette dernière est l'organe de liaison essentiel entre la vie inhérente de la matière composant le microcosme et la vie inhérente de la planète.
>
> La rate est l'agent le plus important de la force de vie, mais de la vie inhérente à la matière elle-même indépendamment de toute forme. Elle est donc étroitement reliée au corps planétaire physique. Elle est l'extériorisation d'un centre extrêmement important.
>
> Le corps humain comprend trois centres fondamentaux qui, avec leurs extériorisations associées, sont absolument essentiels pour vivre :
>
> 1. Le centre cardiaque et le cœur physique lui-même. C'est en eux que le principe de vie (l'aspect *Esprit*) est situé. La Vie et l'Esprit ne font qu'un.
> 2. Le centre coronal et le cerveau. C'est en eux que se situe le principe de conscience (l'aspect *Âme*).
> 3. Le centre pranique et la rate. C'est en eux que se situe la vie de la matière elle-même (l'aspect *Matière*).
>
> [...] C'est dans la rate que sont mises en contact la vie négative de la matière et l'énergie vivante du corps éthérique positif. Alors se produit « une étincelle » entre les corps intérieures vivants de l'homme et le plan physique, par l'intermédiaire de son corps

---

[75] Alice Bailey, *La guérison ésotérique*, éditions Lucis Trust, p. 166.

éthérique. Cette étincelle est sur l'échelon le plus bas de l'échelle de l'évolution, un reflet homologue de la relation entre l'âme et le corps. Sur une spire plus élevée de la spirale, l'homologie existe entre l'esprit et la matière[76]. »

La rate serait alors le lieu d'une rencontre de deux qualités d'énergies : la conscience du sacré et l'engagement dans le monde. Sa proximité avec la queue du pancréas la désigne comme réceptrice de l'ensemencement du dieu Pan, cette épiphanie de l'énergie vitale dans la nature. C'est un point de jonction entre la vitalité biologique et celle de l'homme consacré.

Le viscère métaphorise le passage du vieil homme vers le nouvel homme, en termes de vitalité et d'engagement à défendre des valeurs jugées essentielles. Le « vieil homme » est celui qui a tout vu, tout entendu, tout expérimenté. Mais sa longue expérience l'a rendu mélancolique et désabusé. Ce n'est pas encore un sage, car de nombreuses mémoires lui collent encore à la peau. Sa conscience n'est pas totalement transformée ni mûrie par la riche moisson de son existence. Ce sont ces résidus psychiques inassimilés que la rate symbolique prend en charge : elle sépare la paille du grain, change le sang noir des souvenirs mortifères en un liquide vermeil prêt à circuler une nouvelle fois dans le réseau sanguin. Alors l'homme redevient le guerrier consacré, prêt à défendre un territoire et des valeurs, puisque la rate contient de nombreuses molécules appartenant au système immunitaire.

La forme de l'organe en « rayon de miel » évoque la ruche et les abeilles, si sensibles à la position du soleil pour recueillir les pollens qui serviront à la fabrication de leur nectar. « Stocker du soleil » revient à accumuler l'énergie vitale pour affronter les moments difficiles de l'existence. Comme les abeilles ne savent pas s'arrêter de travailler, elles préparent un surplus considérable de miel, pour le plus grand bonheur des apiculteurs. Par-delà les dualités mélancolie/rire et

---

[76] *Ibid.*, p. 263-264.

inhibition/travail se profile une autre coexistence, celle du noir d'encre avec le rouge vermeil, de la mort avec la vie. Les intestins rêvaient de génération spontanée. Ils procédaient à la naissance de l'*anima* libérée du conformisme légué par les images parentales. En cela, ils formaient le berceau imaginal où naissaient spontanément les abeilles. La rate est le lieu symbolique où les butineuses déposent leur production.

Mythologie : Glaucos

« Glaucos – « gris-vert » – est le fils du roi Minos, l'homme qui fit construire à Knossos le fameux palais labyrinthique-intestin.

« Encore enfant, Glaucos jouait à poursuivre une souris dans le palais-labyrinthe du roi son père. Et puis, soudain, il disparut. Minos et sa femme eurent beau le chercher partout, rien à faire ! Leur fils restait introuvable. Alors, comme d'habitude en cas de problème, ils allèrent consulter l'oracle qui leur dit que celui qui expliquerait le prodige qui venait de se produire en Crète retrouverait leur fils disparu. Renseignement pris, une chose étonnante venait d'arriver. Une génisse, récemment née, changeait de couleur trois fois par jour ! D'abord blanche, elle devenait rouge puis noire. Interloqué, Minos convoqua tous les devins habituellement à son service et attendit qu'ils s'expriment. Las ! Personne ne prit la parole, excepté pour dire des choses insignifiantes. Et puis un nommé Polyidos émit la remarque suivante : « Cette jeune génisse ressemble tout à fait à une mûre parvenant à maturité. » Sans hésiter plus longtemps, Minos lui ordonna de partir à la recherche de son fils. Longtemps l'homme erra dans le palais-labyrinthe. Allant de détours en détours, il rencontra une chouette occupée à disperser un essaim d'abeilles à l'entrée d'un cellier. Il entra dans la pièce et y vit Glaucos. Mais celui-ci était mort, noyé dans une grande jarre de miel. Lorsque Polyidos vint annoncer la nouvelle au roi, celui-ci ne désarma pas et ordonna à son serviteur : « Maintenant que tu as trouvé le corps de mon fils, il faut que tu lui rendes la vie ! » Éberlué, l'homme protesta vivement de son incompétence dans ce domaine. Mais rien n'y fit ! Le roi enferma le missionné dans la tombe où reposait son fils et attendit patiemment l'exécution de ses ordres. Après une attente qui lui sembla être une éternité, les yeux de Polyidos s'habituèrent à l'obscurité du caveau. Il aperçut l'ombre d'un serpent qui s'approchait de l'enfant mort. Sans hésiter, il dégaina son épée et lui trancha la tête. Mais un autre reptile arriva au secours du premier avec une herbe magique dans sa bouche. Il la déposa sur le corps inerte de son compagnon et, lentement, celui-ci ressuscita. Stupéfait, Polyidos eut la présence d'esprit de se saisir du végétal et de l'appliquer sur le corps inerte du fils du roi… qui subit le même enchantement. Il ne leur restait plus qu'à unir leurs deux voix pour crier assez fort et demander de l'aide afin qu'un passant ouvre l'inutile tombeau. Mais l'exigence de Minos n'avait point de limites. Il obligea le sauveur de son fils à lui enseigner la magie. Contraint d'obéir, Polyidos accepta à contrecœur. Beaucoup plus tard, sa dernière mission accomplie, son seul désir fut de quitter définitivement cet endroit décidément trop contraignant. Juste avant de prendre la mer, il ordonna à son élève : « Eh ! Petit ! Crache dans ma bouche ! » Glaucos obtempéra… et oublia instantanément toute la magie que lui avait enseignée son maître.

Cette légende nous introduit dans le monde mystérieux de la magie. Un univers à mille lieues de l'ingénierie dédalienne. Contrairement aux œuvres de Dédale qui grignotent inexorablement l'univers du vivant, l'action de Polyidos lui apporte un surcroît d'existence. Le geste le plus spectaculaire est bien sûr la résurrection de Glaucos, mais d'autres indices appuient cette lecture. Le blanc, le rouge et le noir représentent bien des choses qui se réfèrent toutes à des processus non mécaniques : ce sont les trois phases de l'œuvre alchimique, les trois états du soleil lors de son cycle journalier, les trois couleurs associées à la tripartition mise en évidence par Georges Dumézil, les teintes de la corne de la fabuleuse licorne et celles des trépieds en argile servant de mobilier pour la divination. Inutile d'allonger la liste. Ces variations de tons évoquent le déploiement d'une conscience qui passe de l'innocence (le blanc) à la vie (rouge) après avoir exploré le monde des ténèbres (noir). C'est là, en réalité, l'épopée de Glaucos. L'enfant encore innocent est enfermé dans l'obscurité de la tombe, puis il ressuscite pour devenir magicien. L'allusion au mûrissement de la mûre évoque encore cette croissance en maturité de l'homme qui passe de la banale condition humaine à la maîtrise des arcanes du monde métaphysique. Glaucos est lui-même une couleur, puisque son nom désigne un « gris-vert ». Or la couleur n'est pas l'architecture. Elle appartient au monde sensible, à l'univers incertain des nuances, des variations, à l'impondérable, au subjectif et, finalement, à la vie en mouvement. « Polyidos » signifie « celui qui change de forme ». C'est un maître-magicien qui, comme Protée, l'insaisissable devin aux métamorphoses incessantes, répugne à divulguer son art. Il semble que le monde magique cherche en permanence à garder ses secrets, que les fonctions psychiques non rationnelles de notre inconscient rechignent à se révéler dans toute leur gloire au sein de notre vie objective consciente. Non par intention « maligne » bien sûr, mais par nature. Les phénomènes authentiquement vivants sont semblables aux couleurs : ce sont d'infinies nuances impensables, car incasables dans des catégories, fussent-elles celles de l'entendement ou les lois de la fabrication. Les couleurs et la vie sont littéralement impensables, hors de portée de la maîtrise dédalienne qui cherche à contrôler son environnement par la pensée et l'action. Et puis, en français, la langue des oiseaux ne décode-t-elle pas « contrôle » par « contre–ol », « ce qui va contre l'amour » (« ol », l'huile de l'onction)[77] ? »

Le rouge, le noir et le blanc sont précisément les couleurs de la rate biologique. Polyidos et Glaucos sont des magiciens. Comme les chamanes modernes, ils explorent la nature du vivant en laissant vibrer la corde sensible de leur laboratoire intérieur. Le processus de mort/renaissance des globules rouges, c'est-à-dire du moi psychique, relève d'une conscience magique bien plus que de la pensée analytique. Elle suppose une descente dans le tombeau pour renaître. La rate est une porte qui ouvre la conscience aux mystères des mondes surnaturels. Pour la franchir, le sujet doit accepter d'être renouvelé sans cesse, de mourir mille fois, tout en conservant la joie fraîche et spontanée de sa prime enfance.

Dans de nombreuses sociétés traditionnelles, la souris (la rate) est l'animal de la divination. Mais le rongeur est d'abord perçu pour les désagréments qu'il suscite, car il se cache pour voler de la nourriture. Dans l'imaginaire, le rat d'hôtel est supposé escamoter des objets dans les chambres et le rat de bibliothèque, soustraire des livres sur les étagères. Tous commencent leur carrière en transgressant subrepticement la règle. Mais le symbole fonctionne sur deux niveaux, le profane et le sacré. La souris est certes voleuse, mais c'est aussi une image de la communication avec l'autre monde. Une version du mythe affirme qu'Apollon doit son art prophétique à une souris, une autre qu'il le soutira par la ruse au dieu-bouc. Or Pan, le serpent et la souris surgissent des entrailles de la Terre mère, c'est-à-dire du contenu du ventre avec son pancréas (Pan), sa rate (la souris) et ses intestins (le serpent). Au terme de son

---

[77] Luc Bigé, *Icare, La Passion du Soleil*, éditions de Janus.

étude sur le mythe de Tirésias, Luc Brisson conclut que[78]

> « le bestiaire de la divination comprend d'abord le serpent, puis la souris, le lézard, la taupe et le blaireau. Ils habitent dans des trous de la terre, ils sont symboliquement nés de Gaïa et en partagent la puissance de divination. Le serpent est l'animal sacré de Gaïa. Après son appropriation par Apollon, c'est la souris qui devint l'animal divinatoire par excellence. »

Si le pancréas représente le pouvoir de création d'une personne qui se laisse inspirer par le monde du mystère, la rate parle de sa métamorphose et de son renouvellement à l'occasion d'un contact direct avec le sacré. En faisant disparaître ce qui appartient à l'univers profane, le rongeur grignote les attachements aux possessions, ce qui laisse une place accrue pour le « mûrissement » d'une conscience qui entre dans le processus de transformation évoqué par les trois couleurs de la rate. Alors la souris, loin d'effrayer le conscient, devient son meilleur allié en lui apportant des informations en provenance du monde « magique ».

Les animaux divinatoires vivent dans l'ombre. Habitués des entrailles de la Terre, ils habitent le ventre du corps. Le serpent est un analogon des intestins, le dieu-bouc Pan exprime les valeurs du pancréas. Quant à la rate, elle « nomme » la souris. La rencontre avec ces animaux dans la vie ordinaire soulève un mélange de crainte et de fascination. C'est qu'ils rappellent soudainement au conscient les pouvoirs de la Grande Déesse. L'intestin et le serpent transmettent des savoirs en provenance du monde irrationnel. La pythie, prêtresse du Python, en a longtemps témoigné dans l'histoire de la Grèce antique. La souris et la rate sont liées à l'étrange effraction du magique dans un monde d'apparence rassurante, par exemple les larcins supposés des lutins. Le pancréas, enfin, allie jouissance et créativité. Son pouvoir semble sans limites. *Les mythes rappellent que pour fonctionner correctement, ces symboles*

---

[78] Luc Brisson, *Le mythe de Tirésias : essai d'analyse structurale*, Brill Academic Publishers.

doivent se placer sous le contrôle du dieu solaire, c'est-à-dire du cœur. En cas de vacance du cœur, le venin du serpent intestinal – la suprématie mentale du « colon » qui fonde son analyse sur des « faits » purement objectifs – s'avérerait redoutable ! Redoutables encore seraient les crises de panique engendrées par « la mort de Pan » et l'inquiétude face au surgissement du diabolique. Et que dire de la souris qui grignote le réel et déstabilise doucement les certitudes objectives ? Lorsque ces viscères ne sont plus sous le contrôle de la conscience cardiaque, la pensée analytique se mue en une extraordinaire arme de destruction (les intestins), la jouissance s'oppose à la jubilation intérieure et prend le visage du Grand Bouc (le pancréas), la souris « vole » le réel et suscite l'angoisse de la perte.

Comme les autres viscères, la rate symbolique propose une voie spécifique d'exploration intérieure : un nettoyage des mémoires transgénérationnelles, afin de ne pas finir « taré ». Elle invite la personne à « s'alléger » en se libérant des lourdeurs psychiques héritées des ancêtres. Alors s'amorce un retour vers la vitalité perdue pour renouer avec le rire et la vivacité spontanée. Il pourra aussi être utile de questionner sans cesse la « sacralité » de son activité familiale ou professionnelle qui, ainsi, deviendra progressivement une œuvre. Les premières expériences directes du réel, non expérimentales et non livresques, à défaut d'être chamaniques, passent parfois par des attentions très simples comme s'ouvrir aux énergies subtiles en absorbant la beauté d'une fleur, sentir sur sa peau la douceur du zéphyr et les caresses d'un rayon de soleil. À défaut de « se dilater la rate » sous l'impulsion d'une irrépressible joie sans cause, on pourra s'accorder quelques fantaisies pour initier ce processus. « Rat » a en effet reçu, au commencement du XVIIIe siècle, le sens de *caprice*, avec l'expression aujourd'hui désuète d'« avoir des rats dans la tête ».

Le symbolisme du corps rappelle que l'important n'est pas de développer telle ou telle qualité, mais d'harmoniser l'ensemble

234

du potentiel humain, de laisser circuler « l'énergie-conscience » des pieds vers la tête, afin d'ensemencer tous les plans de l'Être. Apollon ne tue pas le serpent Python : il l'attache à son service. La jouissance de Pan ne devient diabolique que lorsque la force de vie est refoulée. Et la conscience d'une « rate neuve » mise au service d'un moi consacré à une œuvre, l'autre nom du « travail », offre l'ouverture spirituelle nécessaire à la poursuite du parcours corporel.

Mythopathologies

D'une manière générale, les pathologies de la rate questionnent la bonne volonté de la personne à se renouveler, à renaître, en se libérant des mémoires de son passé personnel et transgénérationnel. Elles l'invitent à quitter la rationalité « pure » des intestins pour sentir la douceur du miel.

L'anémie

Les globules rouges transportent l'oxygène réceptionné dans les poumons pour le distribuer aux autres cellules de l'organisme. Lorsque la rate devient hyperactive, elle dégrade trop d'hématies. Cette lyse excessive entraîne une anémie, une fatigue permanente. Lorsque le lien poumon/sang est affaibli, on pourra s'interroger sur la capacité de la personne à mettre en œuvre dans sa vie (le sang) les idées qu'elle capte de son environnement social et spirituel (l'air des poumons). Ses projets sont-ils conformes à ses besoins ? Est-elle cohérente entre le dire et le faire ? La fatigue serait alors la trace symbolique d'une disjonction entre les projets que l'on porte et l'engagement réel dans leur mise en œuvre. Plus simplement, il faudrait organiser sa vie autour d'idées qui passionnent plutôt que de se forcer à accomplir des projets qui sont, au fond, étrangers à sa nature essentielle. L'hyperactivité de la rate signale cela à sa manière en diminuant le nombre de plaquettes, ces facteurs de coagulation du sang : la capacité de matérialiser (coaguler) des projets passionnants (rouge vif !) est ralentie.

Les axes sémantiques de la rate

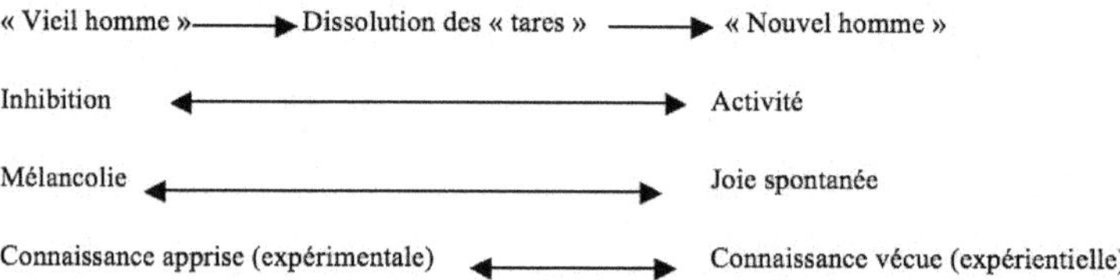

Involution :   Se sentir responsable du poids du passé, où être le continuateur d'une tradition.

Évolution :   Devenir un guerrier consacré qui s'engage au nom de valeurs jugées essentielles.

Transvolution :   Guérir par la transmission de la joie et de l'énergie vitale.

Chapitre 3

Le rôle des viscères dans l'élaboration du moi

L'organisation des viscères

Le ventre est un lieu de transit, sans jeu de mots. Le fœtus sort de la matrice après neuf mois de préparation, le nombril est le témoignage cicatriciel de cet abandon de la vie intra-utérine pour l'affirmation d'un « nom qui brille ». Et pourtant, que de tentations et d'attaches, que de craintes et d'angoisses ! Le désir de rester dans l'origine pourra prendre deux formes contraires et pencher soit vers la toute-puissance, soit vers une dépendance sécurisante. Le ventre résume le temps d'une vie ordinaire avec ses désirs de paradis et d'accomplissement de soi dans la plénitude. Entre-temps, il y a l'élaboration du sujet à laquelle contribue avec soin chaque viscère.

Les quatre viscères creux reçoivent. Ils intériorisent les expériences pour élaborer un sujet stable et sensé. L'estomac transforme l'objet extérieur en sujet intime, les aliments affectifs en états d'âme, les pensées apprises en bribes de sens ressenties. Il a pour tâche de les différencier le plus finement possible jusqu'à ce que le moi se sente assujetti et élabore des relations sensibles avec ce qui le dépasse et ce qui dépend de lui. Puis vient l'ouverture de la porte du pylore, où les humeurs (le chyle) se répartissent en douze valeurs fondamentales. L'heure est à la neutralité et à l'observation au creux du duodénum. Cette posture intérieure du témoin sera utile pour accomplir le travail d'analyse des intestins, qui séparent le grain de la paille. Sans se verrouiller dans ses savoirs ni tomber dans le sentiment de suprématie du « sachant », il devra apprendre à coopérer avec les autres dans le côlon. Sartre avait-il raison lorsqu'il écrivit : « L'enfer, c'est les autres » ? En tout cas, au niveau de l'expérience du ventre, la biologie semble développer cette philosophie puisque, avec les intestins, la conscience descend dans les entrailles, elle y découvre les « âmes » des aliments morts, leur essence, puisque leur forme est réduite en bouillie depuis bien longtemps. Il faudra s'occuper de ces déchets dans l'ampoule rectale et renaître « à nus », dans sa vérité profonde, avant de remonter le long de la colonne vertébrale, sur le long chemin de l'ascension spirituelle. Ce processus d'élaboration et de transformation du sujet dans les viscères creux est soutenu par les propositions des quatre organes pleins, émissifs, actifs et entreprenants. Le foie amplifie la confiance en soi du sujet né dans l'estomac, il dessine à grands traits la fabuleuse destinée qui l'attend ; les reins l'accompagnent dans ses engagements sociaux et l'amour partagé ; le pancréas le reconnecte à la vie foisonnante qui anime les différents niveaux de la réalité ; la rate lui montre la possibilité de se renouveler à chaque instant, en laissant choir ses chers acquis.

Un seul viscère creux qui n'est pas une différenciation du tube digestif : la vésicule biliaire. Elle rappelle au sujet qu'un nouveau départ est toujours possible, il suffit de poser sa confiance dans ses subtiles variations d'humeurs…

Deux viscères sont dédiés à l'affirmation : les reins et le foie. Les reins synthétisent l'urine ; ce soleil liquide excrété lors de l'ouverture des sphincters est stocké dans la vessie. Le foie sécrète la bile jaune, un autre « soleil » qui veille à l'authenticité de soi. Il s'accumule dans une seconde poche également en forme de vessie : la vésicule biliaire. Les reins invitent le sujet à développer sa force et à chérir le monde ; le foie lui propose d'affirmer son espace intérieur, quitte à vider son sac et à se remettre sans cesse en chemin.

Deux viscères sont dédiés à la filtration, c'est-à-dire à un processus de purification intérieure : les reins et les intestins. Les reins filtrent le sang, ils cherchent à faire descendre l'ego de son piédestal de toute-puissance pour l'ouvrir à l'altérité ; les intestins filtrent les aliments, ils confortent le « moi » en sélectionnant exactement les nourritures dont il a besoin pour accroître sa confiance en lui. Les néphrons des reins et la muqueuse des intestins répondent aux sollicitations par la longueur, afin de rendre la filtration plus efficace. Symboliquement, cela signifie que lorsque la conscience franchit ces organes, elle a besoin de temps pour digérer ses expériences (les intestins) et s'adapter profondément à la nature de l'autre (les reins).

Deux des huit viscères répondent aux sollicitations par le volume : le foie et l'estomac. Le foie prend de l'espace extérieur, social, professionnel ou relationnel ; l'estomac prend de l'espace intérieur par le rêve et l'imaginaire. Le premier est guetté par la mythomanie, le second par le narcissisme : deux pathologies où l'espace se referme comme une bulle.

Deux autres viscères offrent des propositions diamétralement contraires, donc complémentaires : l'estomac acide et le pancréas basique. Le premier s'occupe du local et du détail, le second s'intéresse au global et recherche les fondamentaux. Leur synthèse, c'est-à-dire la capacité d'observer l'ensemble du vivant sans parti pris, se passe dans le duodénum.

Deux viscères, enfin, produisent des hormones et sont symboliquement en lien avec les autres plans de conscience : les reins et le pancréas.

Deux autres s'occupent des questions de vie et de mort symboliques, de métamorphose et de vitalité : la rate et le pancréas. La rate s'occupe de changer l'homme en rajeunissant sans cesse son sang, son être psychique ; le pancréas s'intéresse aux grands renouvellements sociaux, aux changements d'époque.

La position de ces organes dans le « domaine de l'abbé » est significative. Le foie se situe en haut à droite, l'estomac en haut à gauche. Ce sont deux viscères qui, symboliquement, commandent aux autres et sont liés à la thématique du pouvoir. Mais le foie s'occupe des idéaux et de l'esprit, de la vision et du futur (à droite), alors que l'estomac s'intéresse à la matière, aux questions pratiques et au bien-être de l'organisme biologique, psychique et spirituel au présent (à gauche). Derrière ce double commandement, près de la partie inférieure de l'estomac, se tiennent le pancréas et la rate. Ces deux organes codent la mort et le renouvellement. Mort du vieil homme dans la rate et disparition des civilisations avec le pancréas. Ce qui « motive » les personnes dont la conscience s'identifie à « l'étape estomac » est le maintien d'un « je » qui échappe à l'anéantissement. Elles vivent en tension avec l'angoisse de mort qui veille juste derrière l'organe de la construction du sujet.

En dessous apparaissent les reins et, devant eux, les intestins. Ils préparent l'entrée de la conscience vers l'autre face du jour. Les reins synthétisent le soleil couchant du corps (l'urine), et les intestins les matières fécales, les âmes mortes des aliments-expériences. Dans cette partie médiane du ventre, le « moi » se libère de lui-même et de son pouvoir pour, en termes théologiques, se rendre disponible aux deux aspects complémentaires de son essence : Lumière (urine) et Ombre (matières fécales).

Le « domaine de l'abbé » n'est pas encore le royaume de l'Ineffable. C'est un simple jardin extérieur qui reçoit et transmet des informations émanant de plus haut, pulsant au rythme du cœur. Des informations encore invisibles, voilées par la barrière du diaphragme. Dès lors, comment chaque viscère va-t-il accomplir sa fonction et « servir la vie » ? Quelles sont les huit voies d'allégeance au cœur ?

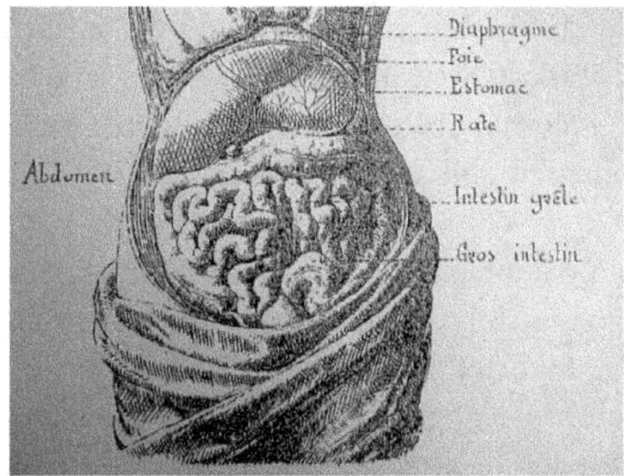

Les viscères de l'abdomen

Le foie, en haut à droite, reçoit l'avenir et transmet des informations essentielles au destin du sujet. L'histoire de Prométhée, qui vola une étincelle de Soleil pour la donner aux hommes, exprime exactement cette idée. Lorsque le foie sert la vie, il accepte l'éventualité de la blessure ontologique, il accepte la souffrance inguérissable du visionnaire qui, immergé dans une réalité nouvelle, sent dans sa chair son décalage avec la réalité d'aujourd'hui. Il vit dans deux mondes et n'est à l'aise dans aucun, le premier n'étant pas encore déployé alors que le second lui semble déjà si usé !

L'estomac sert la vie en élaborant avec finesse une pure présence, un « je » différencié qui trouve sa place dans le monde, à mi-chemin entre les hauteurs métaphysiques du Verbe et l'éros d'un désir instinctif dans les talons. Féminin, à gauche et réceptif, il reçoit les nourritures biologiques, affectives et intellectuelles, et les transforme alchimiquement en cette mystérieuse réalité que nous appelons « subjectivité ». Il élabore une bulle d'être au sein du non-être et du vide galactique.

Ces deux organes sont les père et mère du système viscéral qui a pour objectif de mettre au monde une conscience toujours plus différenciée et éclairée. D'abord avec la première naissance de l'enfant de chair, puis vient la deuxième naissance d'un sujet capable de se lier au monde et, enfin, la troisième naissance, celle du Christ intérieur dans l'espace cardiaque. Le foie a un rôle paternel et l'estomac un rôle maternel, même si la tonalité globale de l'abdomen est féminine.

En dessous, le pancréas est situé à peu près au centre du corps. Il ouvre une voie de communication avec les autres mondes. Pan enseigna en effet à Apollon, donc au cœur, l'art de la prophétie. Si le foie nourrit et maintient la vision, le pancréas parle et agit en son nom. Il sert la vie en créant les fondements objectifs d'une nouvelle civilisation, avec ses valeurs, ses croyances et ses habitudes.

La rate sert la vie en renouvelant sans cesse le sang usé. Elle libère le guerrier de ses entraves et lui rappelle sans cesse ce qui le consacre, c'est-à-dire à quoi l'homme consacré se voue et se dévoue. Avec elle, le travail perd sa lourdeur et ses souffrances inhibitrices pour devenir une œuvre avec ses élévations et ses joies.

Le duodénum vérifie que la conscience subjective, à peine sortie de l'estomac, ne se laisse pas piéger par des projections ou des identifications à des idéologies. Grâce à cette posture de la divine indifférence, le processus de libération des essences, de révélation de l'âme du monde, va se poursuivre dans l'intestin.

Les intestins séparent le grain de la paille, le vivant de sa gangue. Par un effort d'analyse sans précédent, ils révèlent au monde sa part d'âme. La pensée des intestins met normalement son intelligence au service de la vie, mais la tentation est grande de servir aussi l'ombre, la mort, les forces du catabolisme. Le mythe de Dédale et de son fils Icare, enfermés dans le labyrinthe de Knossos, illustre à merveille ce danger. Sans parler du virage de nos sociétés modernes, si intellectuelles, qui produisent des monceaux de déchets qui ne servent plus à humaniser l'homme, ce « sujet » né dans l'estomac, mais toujours en devenir.

Les reins préparent la difficile tâche de la rencontre avec l'autre au risque d'une plongée dans l'abîme. Ils constatent alors que la nuit, si crainte, est simplement l'autre face du jour. Alors le sujet n'est plus enfermé en lui-même. Une communication fluide entre sujet et objet se rétablit ou, mieux encore, les échanges de l'homme avec la nature, avec l'âme du monde, respirent en une co-participation sujet-sujet qui remplace le pragmatisme sujet-objet des intestins.

La vésicule biliaire n'est qu'humeurs. Avec elle, le vivant se laisse guider par le flux de la vie.

Lorsque ces conditions sont réunies, ne serait-ce qu'un peu, le moment est venu pour la conscience de se hisser jusqu'au cœur en franchissant le voile sans retour du diaphragme. Car il faut bien, un jour, sortir des viscères et du développement personnel centrés autour du nombril ! Le diaphragme invite à ce changement de perspective pour aller vers le sternum, que la langue des oiseaux traduit par l'« homme-étoile », par l'allemand *Stern* (« étoile ») et *num* (« homme »).

Peurs et péchés capitaux

Un viscère qui a renoncé à servir la vie pourra éventuellement servir le vice ! Il fonctionne alors pour lui seul, sans plus se préoccuper de l'ensemble du corps biologique et encore moins de la transformation de la conscience individuelle. Nous retrouvons alors les péchés capitaux et les angoisses qui les produisent, que nous évoquerons séparément.

La gourmandise typifie un *estomac* avide de recevoir sans cesse des aliments biologiques et affectifs. La plénitude de soi est toujours une quête sans fin, elle se cherche et vagabonde entre la parole-fleuve et la sexualité. Il s'agit des deux fonctions de la bouche et des deux destinations d'un estomac mal accroché ! Et l'on sait aujourd'hui à quel point l'avidité sans limites est la cause des crises collectives que nous traversons.

L'avarice se réfère aux *intestins* et au refus de lâcher prise, c'est une forme de constipation psychique. La personne tente de tout maintenir par peur d'abandonner, de s'abandonner en vérité.

Le *foie* préside au péché d'orgueil. L'organe le plus volumineux du corps humain prend parfois beaucoup de place et exagère son importance ; il est vrai qu'il nourrit le sang ! Démesure et mythomanie le guettent quand il se croit tout droit sorti de la cuisse de Jupiter.

La colère illustre une *vésicule biliaire* emplie d'humeurs récriminantes tant que le « je » rayonnant n'a pas la force de se détacher totalement des nourritures à-mère.

Quant aux *reins*, les viscères de l'altérité harmonieuse, ils conduisent à l'envie lorsqu'ils ne sont plus contenus par le respect et la reconnaissance de l'autre en tant que sujet. Vénalité et corruption en découlent.

La luxure naît d'un *pancréas* soumis aux caprices du dieu Pan, parfois représenté en satyre, lorsque la démesure de la vitalité n'a pas encore trouvé de voie créatrice.

L'acédie ou la « paresse » illustre une *rate* qui ne se foule pas, empesantie par des mémoires encombrantes, inutiles et inconscientes. Alors la dépression taraude.

À quoi il faut ajouter le « désir de pureté » spécifique au *duodénum*, ce représentant symbolique des « douze doigts de Dieu ». L'aspiration à la blancheur immaculée des essences est un « péché », car elle enferme la personne dans une citadelle de « vérité » qui la clôt sur elle-même et lui interdit de s'engager dans l'expérience du réel pour vérifier et rectifier ses choix théologiques. Sa seule passion consiste à combattre l'ombre, la fameuse ampoule fécale du monde, qui lui apparaît sous tant de visages : l'Inquisition contre les sorcières, la raison contre l'obscurantisme et la magie, le bien contre le mal, la vérité contre l'erreur, la civilisation contre la barbarie !… Mais les monothéismes pouvaient-ils concevoir ce péché-là ? Pour ces religions qui nient le corps et la matérialité, la pureté est une qualité de l'âme qui aspire à s'élever vers un ciel sans nuages. Pourtant le blanc cache si souvent le noir !

Faut-il alors lire « un vice erre » ? Naguère, dans l'univers des grandes épopées symbolisées par les membres inférieurs, l'errance était une qualité indispensable. Ulysse et Dionysos, nos guides sur le chemin de la cuisse symbolique, s'en souviennent encore ! Mais, au creux du ventre, l'individualisme s'efface, ou plutôt le sujet se met au service de forces plus grandes que lui : la Vie, la Grande Déesse, l'Âme du Monde ou la Société. Le péritoine rappelle symboliquement cela puisqu'il entoure et rassemble les viscères. Lorsque l'un change d'état, tous les autres en subissent les conséquences, heureuses ou malheureuses. À présent, l'errance signifie la perte de la conscience d'appartenance à une communauté, elle correspond à une rupture symbolique du péritoine[79]. Chaque dieu du ventre n'en fait plus qu'à sa tête ou, plus exactement, suit viscéralement ses pulsions. On y verra sans peine les

---

[79] Péritoine : « ce qui naît (né) autour (péri) de toi (toi) ».

contradictions de notre civilisation de production/consommation si fondée sur le bien-être du ventre ! Sans une régulation par le courage et la bienveillance du cœur[80], les huit viscères symboliques joueraient leur partition en solo, en stimulant les « vices » des consommateurs. La publicité est au cœur de ce système qui « sert les ventes » pour mieux « servir le ventre ». Ainsi en est-il par exemple des *baselines* choisies par PriceMinister (*Soyez radin !* / l'avarice), L'Oréal (*Parce que je le vaux bien* / l'orgueil), Le Crédit Lyonnais (*Demandez plus à votre argent* / la gloutonnerie), la lessive Persil (*Je croyais que ma chemise était blanche : mais la sienne a la blancheur Persil* / l'envie), la Camif (*Le choix du vrai* / le rêve de pureté) et Coca-Cola (*Ouvre un Coca-Cola, ouvre du bonheur* / la luxure socialement acceptable). Il ne manque guère que la colère et les humeurs de la vésicule biliaire, encore que l'autorisation à vivre pleinement ses états d'âme apparaisse dans des marques aussi différentes que Givenchy *(Very élégante, very fun, very you* / très élégante, très spontanée, très vous) et Peugeot (*Motion & Emotion*)[81]. Seuls la rate et son spleen ne sont pas directement mentionnés, sauf par antinomie, dans un univers marketing qui véhicule l'idée d'un monde paradisiaque, exempt de soucis.

Que d'intelligences mises au service d'une machine à dégâts qui détruit la santé des consommateurs et grignote impitoyablement la Nature, cette épiphanie de la Grande Déesse dont le ventre est le symbole corporel ! Des centaines de cerveaux diplômés des universités et des grandes écoles de commerce réfléchissent toute l'année, cinq jours sur sept, sur les moyens de nous faire consommer plus et souvent moins bien. Chaque semaine, ils doivent justifier de l'évolution des

---

[80] Des qualités qui manquent cruellement à notre culture où le courage se limite au « dépassement » sportif et à la compétition industrielle. Nos sociétés et les hommes qui la font sont terriblement conformistes. Où sont, à de rares exceptions près, les engagements héroïques pour explorer concrètement de nouvelles voies en politique, dans l'éducation nationale, en économie ou dans les modes de vie ensemble ? Quant à la bienveillance…

[81] De nombreuses *baselines* sont répertoriées sur :
http://jpdubs.hautetfort.com/archive/2007/03/22/quelques-signatures-et-base-line1.html.

ventes et concevoir de nouvelles stratégies marketing pour vendre plus encore. La stimulation des « péchés capitaux », c'est-à-dire des qualités du ventre oublieuses de l'idéal du cœur, est devenue leur fonds de commerce. Citons, pour mémoire, cette étude américaine rapportée par Wikipedia :

> « En mars 2009, l'Association des géographes américains a présenté un travail intitulé *One nation, seven sins* (Une nation, 7 péchés), à ses près de 6 000 auditeurs lors de son assemblée annuelle. Il s'agissait d'un rendu, sous forme de cartographie SIG, d'une étude des zones géographiques (par comtés) les plus touchées par les « 7 péchés capitaux » aux États-Unis. Ces « péchés » ont été évalués selon des indices calculés d'après les statistiques nationales officielles disponibles.
>
> La *cupidité* a été évaluée par les statistiques d'inégalités de revenu par habitant d'une région par rapport au nombre d'habitants vivant sous le seuil de pauvreté. Un indice d'*envie* a été calculé sur la base du nombre de vols (dont cambriolage, larcin et vols de véhicule à moteur) par habitant. La *colère* a été évaluée *via* le nombre de meurtres, agressions et viols par habitant (données probablement sous-estimées, par sous-déclaration dans certaines populations vulnérables et victimes). Le nombre de restaurants, service de livraison ou restauration rapide disponibles par tête d'habitant a servi à évaluer la gourmandise. La *luxure* a été évaluée par la prévalence des chlamydioses et gonorrhées, de la syphilis et du VIH/SIDA dans chaque comté (indices particulièrement discutables car notamment influencés par les conditions d'hygiène, la pauvreté, la culture, le risque de viol, la drogue et les pratiques sexuelles… mais la prostitution ou le commerce du sexe restent des sujets souvent pudiquement traités et culturellement difficiles aux États-Unis). La *paresse* a été évaluée en comparant les dépenses faites par individu (pour les arts, spectacles et loisirs) avec le taux d'emploi (indice très discutable puisque confondant culture et paresse). L'*orgueil*, en tant que racine de tous les péchés, a été calculé et cartographié en agrégeant les indices précédents. La part du sérieux statistique, de l'arbitraire dénoncé, et de l'humour ou de l'« amusement érudit » de cette approche a été laissée à l'appréciation des utilisateurs de ces statistiques. Ce travail décalé a été présenté devant une assemblée d'environ 6 000 géographes venant traiter des questions lourdes de la planète. C'est une cartographie rigoureuse de données ridicules a commenté Abigail Goldman dans le journal. Les auteurs, qui ont aussi classé les grands casinos des États-Unis au regard de ces critères, disent y avoir pris tant de plaisir, qu'ils envisagent de poursuivre cette approche. »

Cette machine technico-commerciale, centrée sur le nombril des consommateurs, serait-elle simplement un bide ?

L'autre fonds de commerce, celui de certains hommes politiques oublieux de leur fonction de « souveraineté » au sens dumézilien, consiste à manipuler par la peur. Le ventre du consommateur est en effet tenaillé par des angoisses viscérales que la profusion de biens essaie, sans cesse et sans succès, d'anesthésier :

L'estomac : la peur du manque qui suscite le péché d'avidité ou de « gloutonnerie ». Plus profondément encore sourd l'angoisse de l'inexistence, la crainte narcissique de ne pas être remarqué. Peur de l'insécurité.

Le duodénum : la peur de se salir qui entraîne une attitude à la Pilate : « Je m'en lave les mains. » Nous avons suggéré un « huitième péché capital », le désir de pureté, qui engendre une froide indifférence vis-à-vis des affaires du monde. Ici la crainte est celle de l'engagement dans les passions du réel.

Les intestins : la peur de ne plus comprendre et le sentiment d'incompétence sont compensés par l'avarice, cette constipation psychique : en se verrouillant son domaine d'expertise, la « conscience des intestins » s'assure de ne pas être débordée par des éléments étrangers à son savoir. La personne craint d'abandonner, de s'abandonner en vérité.

Le foie crie sa douleur lorsque le sujet n'a plus de perspectives d'avenir, à moins qu'il ne se protège contre la folie qui semble le tarauder. Il pourra compenser par une posture contraire, enfler comme la grenouille du conte qui se prit soudain pour un bœuf. Sa plus grande crainte est celle de ne plus avoir d'avenir.

La vésicule biliaire craint la sollicitude du foie. Dans nos sociétés chrétiennes, qui confondent si souvent charité et misérabilisme, la « personne de la V.B. » étouffe de ne pas se

248

sentir considérée comme une adulte. C'est pourquoi, pour se libérer de leur angoisse de l'infantilisation, les banlieusards grondent et les ouvriers licenciés par une *société mère*, ou l'une de ses *filiales*, gueulent leur colère.

Les reins expriment la peur de ne plus être aimé. Ils redoutent l'anonymat et envient la force, la richesse et le pouvoir de séduction de tous ceux qui vivent dans le monde « normal ». La peur du vide, mais aussi celle de manquer de reconnaissance, c'est-à-dire d'amour.

Le pancréas confronte la personne à l'une de ses peurs fondamentales : l'angoisse de la mort. Quoi de mieux que la luxure et la débauche pour la circonvenir ? La panique irraisonnée.

La rate craint, non la mort, mais l'explosion de joie qui résulterait d'un contact direct de la conscience du sujet avec le sacré, avec le monde du sens. La personne craint la perte de sa maîtrise sur sa vie, fruit d'une longue préparation et de nombreux efforts. La peur de changer, même en mieux.

Toutes ces peurs viscérales sont habilement mises en scène, parfois avec la meilleure bonne volonté du monde, pour gouverner les peuples et les maintenir dans la logique consumériste du ventre. On connaît les ravages de l'avidité (estomac), de la corruption (reins), du populisme (intestins), de l'idéologie sécuritaire infantilisante (foie) et de l'aliénation du sujet dans son travail (rate). Seuls ceux qui sont libres dans la pauvreté comme dans la richesse (l'estomac), neutres face aux partis (le duodénum), capables de réfléchir par eux-mêmes (intestins), conscients de leur grandeur *et* de leur petitesse dans le grand jeu de l'univers (foie), libres de faire leur sac si bon leur semble (vésicule biliaire), indifférents aux flatteries (reins), capables de mourir au nom de leurs valeurs (pancréas) et qui vivent dans la joie (rate) échappent vraiment à ces jeux.

La peur est infiniment utile et respectable, car elle fait pousser les germes de la conscience. Dans un premier temps, celui qui ne craint rien reste dans l'imaginaire épique des membres inférieurs. Il a suffisamment d'inconscience pour rêver que tout lui est possible. Celui qui n'a pas peur ne sait pas qui il est vraiment. Le sentiment d'effroi surgit lorsqu'un sujet rencontre pour la première fois un « autre » qu'il commence ainsi à respecter. Or l'ego en construction ne peut pas se laisser écraser par le mystère de la nature, du sacré ou simplement de ses compagnons. C'est pourquoi, dans le processus d'involution, il est nécessaire de recouvrir les peurs par des consolations/consommations, un peu comme l'enfant qui s'est blessé et va chercher auprès de sa mère un baiser de tendresse qui efface la dureté du réel auquel il vient d'être confronté. Pourtant un jour, dans l'évolution, un moment arrive où les peurs sont confrontées. La conscience du sujet devient suffisamment dense et forte pour réussir cette épreuve initiatique. Il s'agit alors de les regarder en face, les yeux dans les yeux, de les accueillir comme des amies justement effrayées et tremblotantes, de les prendre dans ses bras et de les consoler. Alors la « bête » qui reçoit le baiser d'amour d'une conscience éveillée et attentive révèle sa robe lumineuse de princesse.

Synthèse

Quatre viscères sont creux : Comment et de quoi se remplir, l'action de recevoir.

> **L'estomac** reçoit les nourritures physiques. Accepter puis symboliser le monde, faire de l'extérieur un intérieur (Lune).

> **Le duodénum** réceptionne le chyme. Devenir l'observateur des essences, de ce qui transparaît derrière les apparences, jusqu'à l'acquisition de la divine indifférence (Soleil).

> **Les intestins** accueillent le chyle. Trier, c'est commencer à penser (Mercure).

> **La vésicule biliaire** stocke la bile sécrétée par le foie. Vivre ses humeurs en quittant ses rôles pour mieux se remettre en marche (Mars).

Quatre viscères sont pleins : Comment et quoi donner, l'action de partager.

> **Les reins** : transformer la puissance en amour, partager de la douceur (Vénus).

La rate : transformer les mémoires anciennes pour retrouver la joie de vivre, partager sa présence (Saturne).

Le pancréas : produire du rêve pour générer un nouveau monde, partager une espérance (Uranus).

Le foie : assurer la stabilité et l'abondance dans le monde, partager la joie et l'enthousiasme (Jupiter).

Il arrive que les viscères ne servent plus la vie (vie sert), alors ils errent dans le vice (vice erre). Cela survient lorsque le péritoine ne joue plus son rôle, lorsque la conscience de ce qui est « autour (péri) de toi (toi) n'est pas née (ne) ». Alors les liens naturels de sympathie se rompent et le sens de l'interdépendance disparaît. Chaque viscère « roule pour lui », sans se préoccuper du bien commun. Une telle société sera dirigée puis, vraisemblablement, digérée par huit péchés capitaux, compensatoires d'autant de peurs viscérales :

L'estomac : la gourmandise (l'avidité) qui compense la peur de l'inexistence du sujet.

Le duodénum : le désir de pureté fondé sur le refus de s'engager pour autrui et de se salir les dix doigts (l'individualisme).

Les intestins : l'avarice, un repli sur soi qui compense une crainte de l'incompétence et de l'humiliation.

La vésicule biliaire : la colère qui conjure la peur de rester enfermé dans la sollicitude du foie, jugée infantilisante.

Les reins : l'envie, bâtie sur l'angoisse du vide et le besoin d'amour.

La rate : l'acédie (la tristesse), la peur de changer, la crainte trop respectueuse de la grande joie.

Le pancréas : la luxure qui chasse, dans l'imaginaire, la peur de la mort.

Le foie : l'orgueil qui compense l'angoisse de ne pas avoir d'avenir.

TABLE DES MATIÈRES